琴姫の波乱万丈物語《ストーリー》

長田 清子
Osada Kiyoko

カッコよく！
天真爛漫に！
凛々しく自立して生きる

はじめに

琴の演奏家として、束の間芸能界にも身を置き、華やかな世界を垣間見てまいりましたが、それまでの人生も、活動後からの人生も、何やら波乱万丈でございます。

還暦を過ぎ、難病の一つである病ＩｇＧ４（膠原病）を発症し、これまでの人生を少し振り返ってみようと、本書の筆を執りました。

琴奏者といえば、おしとやかで楚々としたイメージを思い浮かべるかと思います。さにあらず、天真爛漫で怖いもの知らずの私が歩んだ道は、突拍子もなく現実から駆け離れた夢のような世界でした。そして、一人で何人分もの人生を駆け抜けて来たようにも感じます。

高校２年生で琴に出会い、自分の人生を大きく切り開き、破天荒に生きてきた芸の道。こんな人生もあるのかと、面白く、可笑しく読んでいただければ嬉しく思います。

長田　清子

琴姫の波乱万丈物語《ストーリー》

エピソード1　両親の離婚

■伊達男の父と母の関係、辛い幼少期

いつもと変わらぬ朝、登校前に中学3年の私と小学3年生の弟が父の車に乗せられ、「今から家庭裁判所に行く。どちらと暮らしたいかと聞かれたら、お母さんと暮らしたいと言いなさい」と父が言います。それが何を意味しているのかも深くも考えず、私たちは言われた通りに裁判官に答えていました。

両親と兄、弟、祖母や叔母と皆で暮らしたのは私が小学校の低学年まででした。事業が順調だった父は、背が低いコンプレックスからか、１７０㎝以上もある母をお見合いで見染め、大阪から8人の大家族を名古屋に連れて来て面倒を見始めました。

しかし父は、飲む・打つ・買うの三拍子。母の兄弟たちも徐々に嫌悪感を持ち、皆離れて行きました。結局、母には11歳違いの妹（叔母）だけが、生涯付いて来てくれました。

父は時々私を連れて、綺麗な女性のいる家に行きました。そこで私は可愛い浴衣に着替えさせて貰い、父の膝の上で夕飯を食べ、少女雑誌「りぼん」に付いていた付録が嬉しくて、とても幸せでした。それが母を悲しませる愛人宅だと知る由もありませんでした。

それに競馬がこの世になかったら、家族は誰も苦労しなかっただろうにと思います。父は札束を持っては競馬場通い。生活費を母に渡すこともせず、全て賭け事につぎ込みました。

そのために母は料理屋などを営み、生活を支えました。

元々母は6人兄弟の長女として、子供の頃から近隣の手伝いなどの駄賃で家計を助け、商才もありました。お酒は一滴も飲めませんでしたが、テレビドラマの『細腕繁盛記』（原作・花登筐『銭の花』）のように叔母と料理屋を営み働きづめで私たちを育ててくれました。

父はお酒さえ飲まなければ、ダンディーで、博学で何でも教えてくれ、機転も利き、悪い人ではありません。でも、お酒に酔ってタクシーで帰宅すると、車の停車音で皆、シーンと寝た振りをします。

両親の夫婦喧嘩も必ず父が酔っている時で、暴力や罵声で身が凍えるようでした。その度に母は兄を連れて家を飛び出すのです。そんな訳で私の幼少期は、普通の家庭ではありえない修羅場の連続だったのです。

母がいなくなると、幼い弟の面倒や炊事洗濯などの家事を全て私がしなければなりません。ある日、まだ洗濯機が2層式でハンドルを回して絞るタイプの時、やっと背が届くその洗濯機の底におもいきり足をぶつけてしまいました。血が流れ出して指が取れたのではないかと思うほどの激痛でうずくまってしまいました。1週間後にお風呂で足の爪がプカプカ浮いてきた時は、悲しくて切なくて、涙が止まりませんでした。

昔は大抵どの家も長男が大事にされます。もちろん我が家もそうでした。必然的に、5歳年上の長兄は威張りだし、いつも私に用を言いつけ気に入らないと直ぐに殴ります。

ある日、虫の居所が悪かったのか長兄にみぞおちを思い切り蹴られます。息もできず、もう死ぬかと思った時、下宿人の2階のお兄さんが飛び降りて来て私を助けてくれたこともありました。ですから両親の夫婦喧嘩は、母がいなくなる淋しさより、母が兄を連れて出て行ってくれる安堵感に救われていたのです。

■優しかった祖父母との楽しい日々

そのような環境でしたから教育など全くお構いなしです。ですが、お稽古事の好きな母は私に3歳から「赤堀流日舞」を習わせました、お転婆な私は着物でのお稽古が嫌で、初舞台で泣きじゃくり、帯の重さで後ろに倒れてしまったそうです。

次に「南條バレエ団」に通わされましたが、華やかな舞台衣装や靴を母が裁縫することができず断念しました。

小学校2年生からは「表千家の茶道と花道」を叔母と一緒に習い、炭の香り漂うお稽古場で床の間の掛軸や生花の拝見から、季節ごとの設《しつら》えなどを学びました。茶碗は正面を避けるために、2度左に廻すなど理に適った作法を身に着け、今では自然に茶道が嗜めます。

毎年恒例の名古屋国際ホテル茶会や東京根津美術館でのお家元との茶会で、お運びをさせていただき、この頃から母と同じ着物好きが叔母へ、そして私へと受け継がれました。

その頃の楽しみは、毎週土曜日、お稽古のお花を玄関に活け終え、市バスに乗って祖父母の家に行くことでした。

私が着く頃に祖父は薪でお風呂を沸かしていて、その傍へ「ただいまー」と駆け寄ります。

▲幼少期のハレの日の写真。小さい頃から踊ることや
着飾ることが好きだったようです。

祖母は私の好きなおかずを並べて待っていてくれ、ここが唯一甘えられる場所でした。

冬は祖父の櫓炬燵《やぐらこたつ》に入って一緒に寝ます。夏は蚊帳を吊ってやはり大好きな祖父の隣です。そのことは親戚中が不思議だったようで、私以外だれも傍に寄り付かない祖父だったそうです。

日曜の朝は祖母について市場に行き、隣の松葉公園で必ず一人でボートを漕ぎます。池の周りに付いているタニシ貝を採ったり、ヨモギを摘んだり自然がいっぱいでした。

午後からは祖父の自転車の後ろに乗って、名古屋温泉（今でいうスーパー銭湯）へ。帰りに大好物の鰻屋さんに寄るのが祖父の唯一の楽しみだったのです。そして日曜日の夜、ウトウトしながら迎えに来た父の車に乗って自宅に帰るのが週末のきまりごとでした。

■懐かしい青春期の思い出、そして父との別れ

小学生の時、仲の良かった友達は、皆私立中学校を受験して離れ離れになりました。公立中学に進学した私は、名古屋市港区の４つの小学校が合流する中学校で、なんと1学年12組もあり、たくさんの同世代の生徒たちに囲まれて、とても新鮮な感覚を味わいました。

ただ放課後に3年生のガラの悪そうな先輩たちが廊下に並んでいるので、怖いと思う時がありました。案の定、昼休みに数人の男子生徒に囲まれて「ちょっと来い」と学校の横の公園へ連れて行かれました。

ブランコの前で「そこに座れ」と言われ、死ぬほど怖い思いをしていた時、誰かがカメラ

で私の写真を撮ると「もう行っていい」と言うので私は走って教室に逃げ帰りました。どうも3年生の番長が私を気に入っていて、写真が欲しかっただけだと後で判りました。

その番長とは、卒業まで一度も口を利いたことはありませんでしたが、「修学旅行のお土産だ」と大きな紙袋3個に入った東京土産が教室にどっさり届いたこともありました。

これも後で聞いた話ですが、子分たちに万引きで手に入れさせた物だったそうです。何という恐ろしい学校でしょうか。私は凄い環境の中にいたのです。

中学3年の時、担任の先生から2度職員室に呼び出されたことがありました。

「どうしてもっと勉強しないんだ！」と真剣に叱られます。でもなんで怒られているのか、別にそんなに悪い成績でもなく、音楽と体育の5以外は中位なのに（父にも叱られなかったし…）。そんな私に「お前は知能指数が学年で一番だぞ！」と叱ります。えっ、だから怒られているの？　なーんだ。それに「知能指数」って何？　その時は、その程度にしか理解できませんでした。

そしてもう一度の呼び出しは人生に関わる大変な呼び出しでした。

「おまえ高校に行かないつもりか？」

「いえ、制服も作りましたし…」

「入学金が期日までに収めてないから入学が取り消しになっているぞ！」

これにはさすがの私も真っ青になりました。両親は離婚裁判をしながらの別居状態でしたので、入学金の支払期日がどうなっていたのかなど、気にも留めない有様だったのです。

▲いろいろな思い出がある小・中学校の頃。走ることは得意でした。

中学校側でも何ともならず困っていた時、母のお店のお客様だった中学教師が、瀬木学園の学園長と懇意なのでと、特別に一人だけの再入試の期日を設けてくださったのです。

本来の希望校ではありませんでしたが、それでもお陰様で瑞穂高校普通科進学コースへの入学が、入学式寸前に決まった時は本当にほっとしました。

それからしばらくして、裁判所から通知が届き、両親の協議離婚が成立。父は厳しくて怖かったけれど、毎日私のお弁当を作ってくれましたし、冬の朝、酷いしもやけだった私の足を温め、薬を塗って包帯を巻いてくれました。雨降りや寒い日は、歩くと20分かかる中学校まで車で送ってもくれました。我が子に対して、そんな優しい面もあったのです。

その父と生まれた時から一緒に暮らした2階建ての一軒家から、私と弟は、母と叔母の待つ繁華街の狭いうなぎの寝床のような2DKのマンションへ移り住んだのです。それが父との別れでした。

エピソード2 琴との出会い

■アパッチの清子と呼ばれたヤンチャな高校生活

高校時代の私は、先輩からも後輩からも人気者でした。

高2の北海道修学旅行の写真が廊下に張り出されると、私の写る写真には各学年から申し込みが殺到して、もうブロマイド状態でした。卒業した先輩からは「資生堂」に就職したからと、化粧下地が1セット届いたこともありました。えっ！あの先輩私のこと気に入っていたの？とその時初めて知りました。

球技大会では監督を務めバレーボール大会で優勝。合唱コンクールでは指揮をして3連覇。仮装大会も3連覇。私の活躍はとても目立ちました。

それに「アパッチの清子」（瑞穂高校は昔から髪を2つに分けていた＝通称アパッチ）と呼ばれ、後輩たちは毎朝、先にバス停に並んで私の席を確保し、学生鞄も持ってくれます。そんな取り巻きを従えての登下校もとても目立つ状態でした。

商業科や家政科には、頑強で喧嘩の強そうな生徒や、フランスの女優・カトリーヌドヌーブに似た私も見とれてしまうほど美しい生徒がいて、仲良しの私たちが一緒に歩く姿は圧巻でした。

他校との争いも、今にも飛び掛かりそうな勢いの副番長を抑えながら、乱闘騒ぎではなく、これからは連れ（ツレ）になろうと話を治めてしまうので、「アパッチの清子」は暴力沙汰はせずとも一目置かれる存在でした。但し、タバコやシンナーを吸う生徒はボコボコにしてでも止めさせ、悪態をつく生徒からは、指導部の先生より怖がられていたこともありました。何しろ警察沙汰の多い港区の中学校出身者は、大概どこかの高校の番長かスケ番に収まるのですから…。ところがそんな私が、お琴との出会いから何もかもが一転していくのです。

■音楽との出会い、母との信じられない生活

音楽が得意になったのは、小学校3年生の時。赴任していらした女性教師（杉藤先生）が「この学校に音楽部を作ります」と、全教室を回って自らのオルガン伴奏で一人一人歌わせたのです。そして、私はソプラノに決まり音楽部に入り、毎日練習に参加させられたのです。

その結果、オルガンしか家になかったのに私は文化祭でピアノを弾き、6年生の時には朝礼台で全校生徒が歌う曲を指揮するまでになりました。杉藤先生に見出していただかなければ、私の音楽の才能が人より優れていることに気づくことはなかったと思います。中学校でも合唱部に入り、レパートリーもどんどん増え、小学校の頃から培った音楽漬けの日々が高校での合唱コンクール3連覇に繋がったのです。

高校2年生の時、商業科からポン子ちゃんが普通科進学コースに転級して来ました。彼女はピアノが上手く、私の厳しい合唱練習にも、しっかりと対応してくれました。

ある日、池下駅までお琴のお稽古に行くからと、ポン子ちゃんと一緒に下校すると、なん

と私の家の隣の尺八の先生のお宅まで来たのです。その時は、宮城会（宮城道雄の門人が集う箏曲の会）の加藤康子先生が瀬戸市から出稽古に来られていたようです。

早速、母に「私も琴を習いたい」と相談すると、「お琴？いいわね〜直ぐ習いに行きなさい」と二つ返事です。お稽古初日に、高額な「くり甲のお琴」を買ってくれました。

実は母と住んでから、信じられないことがありました。

母はお弁当を全く作ってくれません。毎朝、枕元に置いてあるお寿司を持たされます。また、ある時は当時名古屋で人気のイタリアンレストラン・カリーナのピザパイが置いてありました。母に「ストーブの上で温めて食べなさい」と言われたので、その通りにしたら教室中がチーズ臭くなり、5時間目の先生に注意されたのです。この時に、もう二度と母の言うことは実行しないと心に決めました。

そして、運動会ぐらいはお弁当を作ってくれるかと、おにぎり2個とネギの入った玉子焼きを頼みました。でも伊勢海老の頭が折から飛び出した5千円の幕の内を寿司屋で作らせたからと置いてあり、ガッカリしました。でも友達には喜ばれ、結局いつも通り普通のお弁当と交換してもらいました。皆が美味しそうに食べていたのが不思議でした。家庭料理の方がずっと美味しいのに…。

もう一つの信じられないことは、とにかく毎日お寿司を食べに私たちを連れて行くという食生活です。「いい加減、お寿司は飽きたし、外食は止めたい！」といつも文句を言う私に「娘に文句を言われたくない！」と、千種区池下町に木造の小さな寿司屋を板前さん付きで買ってしまったのです。そこがお琴教室の隣の家だったという訳です。

■琴との出会いで生活が一変

母は毎日着物を着る人でしたから、着付けの時間になると私を呼びつけ、「紐、帯板、帯締め、帯揚げ」とこき使うのです。当然、母の着物を畳むのもやらされて、私は女中なのかと思いました。でもそのお陰で、今では誰よりも早く美しく着物が着られているのかもしれませんね。

母の着付けの命令から逃げられる手立てが見つかりました！　琴の練習です。琴の音が聞こえると母は決して私に用を言いつけませんでした。

日頃からポン子ちゃんのお母さんの手作り弁当を頂戴していた私は、週末は必ず桑名市のポン子ちゃんの自宅へ泊りに行き、朝から晩まで琴の練習に明け暮れました。ポン子ちゃんの祖母様は箏曲の大師範、幼少から古曲を学び演奏家への道が決まっているお琴の後継者だったのです。なのに替手（伴奏）を弾いて、私に合奏三味の練習をさせてくれたのです。

そのお陰で、私は瞬く間に初伝・中伝・奥伝・助教と進み、2年もすると宮城会の加藤先生の代稽古をするまでになっていました。この頃から私は舞台で演奏する曲は全て暗譜し、17絃や三絃など、宮城曲や沢井忠夫曲などのレコードと楽譜を手に入れて網羅しました。

舞台で良く演奏していただいた尺八の沢井三山先生は、沢井忠夫先生のご実兄です。沢井三山先生がご病気でご逝去された追悼演奏会は、何と私の成人式の日でした。母がせっかく

▼高校２年生で琴と出会い人生が一変（写真は沢井三山先生との演奏）

仕立ててくれた琉球紅型の振袖に袖も通さず、喪服姿でその追悼演奏会に出演しました。

その時、全曲17絃を暗譜で演奏する私に、沢井一恵先生が「内弟子に来ない？」と何気なくお声をかけてくださったことが、私が宮城会を辞めるきっかけになったのかもしれません。流派にとらわれずもっと広くいろいろな勉強がしたいという気持ちが芽生えていたのです。

琴の助教試験の日、加藤先生の師匠である宮城会の重鎮・田村美智子先生の前で演奏しました。その時、「あらっ、この子、タダオちゃんに似ているわ！」と田村先生が独り言のようにおっしゃったのが、まさか田村先生のお弟子さんで日本一の演奏家・沢井忠夫先生のことだったとは、その時は知る由もありませんでした。

高校3年で、私は学校でのヤンチャを辞め、琴の練習に夢中になりました。後輩たちは寂しがっていましたが、鞄も自分で持ち、バスの中でも立って席を譲り、スカートの丈も普通に戻り、もうアパッチの清子は完全に消滅していたのです。

人間は何か熱中することがあれば、そうそう道を外すことはありません。エネルギーがあり余っている子供たちを見ると、何か夢中になれることに出会うといいなと思います。きっと私のように、人生が変わるのですから…。

エピソード3 ミスコン出場からモデルに

■最初の芸能界入りは、母の猛反対で断念

高校時代、ミスコンに2度出場しました。最初は高2で「ミス長島温泉グランスパーコンテスト」です。私は準ミスでした。ミスグランプリには高1の賀小美さんが選ばれました。そして、二人で出席した祝賀会で私は「瀬戸の花嫁」を歌って渡辺プロにスカウトされたのです。

芸能界へ入ることは、母が許すわけがないと分かっていました。それでも、ミスグランプリの賀小美さんと特別ゲストでいらしたコント55号の萩本欽一さんと一緒に、実家の寿司屋に行ってもらって母に懇願しました。

案の定、母は「かわら乞食は駄目!」と一喝です。まあ結果は分かっていたので私はガッカリしませんでしたが、お二人はさぞびっくりなさったことでしょう。まして一世を風靡し

ていた萩本欽一さんには、何と失礼で申し訳なかったことかと思います。

その後、賀小美さんは「ミスインターナショナル」日本代表にも選ばれ、「イレブンＰＭ」のカバーガールからトップモデルへ、そして女優へと飛ぶ鳥を落とす勢いで、芸名・樹れい子として大活躍されました。赤坂檜町公園近くの彼女の超高級マンションで、琴で売れるまでの私を居候させてくれた大切な親友です。

■野球界の方々と縁ができたモデルの仕事

もう1度は「ミス着物コンテスト」です。この時は審査基準に合点がいかず（私が1番綺麗だと思った人が落とされる）、本選には行きませんでした。しかし、それがキッカケで名古屋の2大モデルクラブ「セントラル」と「トヨタ」にスカウトされたのです。

週末はファッションショーに出演、デパート広告、撮影会などのモデルの仕事。やはり大反対の母とは衝突しましたが、隠れながらも結構いいバイト（1日5万円）になりました。身長168㎝、体重48㎏、靴22・5㎝のモデルサイズ、あの頃の自分が懐かしいですね。

中日ドラゴンズが優勝した翌年のオールスター戦。長嶋茂雄監督に振袖姿で花束をお渡しするという仕事が入りました。色紙を10枚ほど持って行き、スター選手のサインを寿司屋に飾ろうと、まず長島監督にお願いしました。監督は快く1枚目を書いた後、2枚目にも書こうとするので「あっ1枚だけで結構です」と返していただきました。すると、傍にいた新聞記者さんが「全部書いて貰えばいいのに」と残念そうに言い、「それなら頬にキスし

▼モデルデビュー当時のプロフィール用写真

てもらえば？」と促されます。そして、何と大勢の前でいきなり監督にほっぺにチュッとされたのです。それが私のファーストキスだなんて、これは幸せなことなのでしょうか？

　この日から球界の方々とご縁ができて、阪神タイガースの江夏豊さんや、鳴り物入りで大洋ホエールズに入団した山下大輔さんらが遠征の度にお寿司を食べに来てくださいました。

　中日の松本幸行投手らがいらっしゃった翌日の試合が、「中日球場で暴投合戦？」となり、ラジオ中継の坂東英二さんが「あいつら、また、あの汚い寿司屋に行ったな！」と解説で笑いをとります。でもこの一言が、20歳で3階建のビルを建てるきっかけになります。

　その後、名古屋から私も含め2名が選抜され、東京でのファッションショーに出演しました。杉本エマさんや秋川リサさんら当時の一流モデルさんとの共演のステージです。そのステージで、身長の差など一流モデルとの違いを思い知らされ、この世界で日本一になれないことを悟りました。そして、その日以来2度とモデルの仕事をすることはしませんでした。急に辞めたので母もとても驚いていました。

エピソード４

睡眠1時間で寿司店経営 20歳でビルを建てる

■睡眠時間1時間でも辛いと思わない

母が寿司屋を買ったのはいいのですが、他にもお店がありとても手が回りません。そこで高校3年で運転免許を取った私が出前の配達ができるからという理由で、寿司店を取り仕切ることになりました。

短大に通いながらの商売は大変でした。朝5時に名古屋駅近くの柳橋市場へ仕入れに行きます。赤い軍手をはめ、籠を持ち市場内を歩いて仕入れをします。マグロ屋や海老屋の大将が朝ご飯を奢ってくださり、籠の中にネタをタダで放り込んでくれることもありました。これが嬉しい儲けです。そして店に戻り、ネタを冷蔵庫に入れてから学校に行きます。教室に着席すると爆睡、友人たちは状況を知っているので誰も起こさず、昼食時も何も食べず寝ているという状況です。授業が終われば直帰で出前下げ（前日の出前桶の回収）です。

夕方5時～夜中2時までの営業で、終わってから、またひと仕事。その日の生ごみを焼却して、お風呂に入ってベッドで寝るのは朝4時からの1時間だけです。

こんな生活を1年続けました。結局、短大を中退せねば身体が持ちませんでした。しかし、辛いと思ったことは一度もありません。むしろ天職のように思いました。そして、お店は連日大盛況で、当時毎日郵便局で5万円の定期貯金をしていました。

お店の経営で忙しい私には、普通の青春（友達と遊びに行ったりデートをしたり）がありませんでした。でもブルーのカプリ（独フォード車）に乗り、洋服はDior・Elegance・芦田淳などを着ていました。そして、定休日の週末は、ソプラノ琴を買った東京のルナ楽器店の紹介で入会した世界文化交流協会でのレッスンや演奏活動に精を出していたのです。

今思えば、きっと若かったからあんなに働きつつ、加えて琴の練習もできたのでしょう。

■名古屋一の寿司屋・3階建てのビル建設を決意

昭和50年、20歳の時に、あの坂東さんがラジオで言った「汚い寿司屋」を名古屋一の寿司屋にしよう。そして3階建てのビルを建てようと決めたのです。

母に相談すると、「まだ土地のローン返済もあるから」と珍しく弱音です。そこで2年間で貯めた2千万円以上を全額建築資金の頭金にして、土地、建物のローンも全て私が返済することに決めてビル建設の準備に取り掛かりました。

3階建ての構想は1階がお店、2階が母と叔母の住居、3階の2DK・2世帯を私と弟用の住まいとしました。いずれは賃貸マンションとしても使用できる間取りとし、屋上は近所の子供たちが無料で遊べるプールと決めました。ですが、最終段階でプールは母の要望で家庭菜園の大きな畑にしました。

工事期間中は、取引先のお米屋さんに一軒家を借りての仮住まいとなり、寿司屋も長期休業となりました。そこで栄町の大きなジュークボックスとカウンターのある母のお店も私が経営することになります。モデル仲間や短大時代の友人たちが手伝いに来て、こちらも笑いが止まらないほど儲けてしまいました。

この頃、入院中の祖父母の所へも好物の鰻を持って、毎週面会に行くことができました。祖母の爪切りや顔剃りをしながらの談笑は、本当に幸せな時間でした。同時に、それは祖父母を看取る悲しい日まで続けた大切な想い出の日々となりました。今も生きていてくれたら、もっともっと孝行してあげられたのに…。

そして、楽をさせたかった母を引退させ、毎月20万円のお小遣いを渡すことを実行したのもこの頃です。仕事を辞めて悠々自適にしてあげることが親孝行と考えていたのですが、結果的にそれが母の痴呆症を早めてしまったのではないかと今は少し後悔しています。

3階建てビルが完成しました。螺旋外階段は白い煉瓦で円柱塔にして、屋上部に青い大きな三角屋根と風見鶏を乗せ、どこからでもひと際目立つモダンな建物です。最高の気分で、私は益々商売を頑張ろうとしていた矢先、母が突然「女の手は温かく寿司屋には向かないのでこの店は兄にやらせる」と訳の分からないことを言い出したのです。

永年顔も見たことのない、私と弟の面倒など全くみたことのない兄のことです。アホかと思いましたが、母の言うことが絶対の我が家です。母に何を言っても無駄ですし、聞く耳も持ちません。説得する気力もなく、別に涙も出ませんでした。ただ商売はそんなに甘くないとは思いましたが、私は寿司店の経営から身を引くことになりました。

エピソード5

美空ひばりさんの琴伴奏、心機一転上京へ

■感動の美空ひばりさんの琴伴奏

寝ないで人の何倍も頑張れば願いは叶う！ということを商売で実践していたので、一からの再出発は別に不安ではありませんでした。

世界文化交流協会は5線譜でポップスやクラシックを演奏し世界中を回る協会です。「真夜中のギター」の作曲者・河村利夫先生の指導で、沢井合奏団の主要メンバーが中心となりテレビ出演もたくさんありました。私のテレビ初出演は、テレビ東京「美空ひばり特別番組」でした。放送局の玄関には偉い方々が勢ぞろいでお出迎え。流石！違うわ！と驚きました。

まず、ひばりさんがスタジオにお入りなった瞬間、空気が変わったことをはっきり覚えています。リハーサルで他の歌手の曲を歌った時、カンペに書かれた歌詞が違っていたのですが、そのまま全然動じず歌われ、日本一の歌声を目の当たりにして心が震えました。全て完璧に暗譜されていたのです。間違った歌詞を書いたADさんは飛ばされたようですが…。

▲「演歌の花道」のテレビ出演
（写真は村田英雄さんの琴伴奏のリハーサル）

リハーサルが終わって、一番前で琴を弾いていた私の前をひばりさんが通り、「あら？あなたも紫ね」と着物の色を気にされて楽屋に戻られました。紫はひばりさんの色だったのです。プロデューサーが慌てて飛んできて、本番で私は目立たない後ろの方で演奏することになりました。それでも尊敬するひばりさんのお琴が弾けただけで最高の幸せでした。

■NHK邦楽技能者育成会を受験し上京へ

もっと本格的に琴演奏の勉強がしたいと思い、世界文化交流協会のトップ演奏者である沢井合奏団の石垣清美先生にご相談しました。すると「じゃあNHK邦楽技能者育成会を受験してみたら…」とアドバイスをいただき、「絶対に合格したいので、お稽古をお願いします！」と、しばらく独学だった私は先生のお宅でお稽古をしていただくことになりました。

試験日は寒い冬の朝でした。杵屋正邦先生の実技演奏では、琴爪が飛んでしまい嵌め直して続行。藤井凡大先生のソルフェージュでは、初見の8小節を1回目が早いからと、もう一度ゆっくり歌い直します。そして楽典の学科試験、面接へと続きました。10人ほどいらしたNHKの審査員の中央席の藤井凡大先生が、「君は粗削りだが、もしも受かったら将

▲NHK邦楽技能者育成会での琴演奏（写真・右前列）
指揮・藤井凡大先生

来性を買われたと思って頑張りなさい」とおっしゃってくださいました。私はその時、「合格だ！」と確信しました。今でも、その時の凡大先生には心より感謝しています。

しかし案の定、上京させたくない母に合格通知を隠されました。でも、後で弟がこっそり「合格通知届いていたよ」と教えてくれました。

晴れてその春から1年間、ＮＨＫでの授業が始まりました。

授業とは直接関係はないのですが、私は毎週入り口で守衛さんたちに「育成会の前田美波里」と呼ばれ、なぜか連続ドラマ「マー姉ちゃん」のオーディションに推挙され、カメラテストまで進みました。結局、熊谷真実さんに決まりましたが、オーデション1次・2次…と進み、とても楽しいた経験でした。また、局内で桃井かおりさんに道を尋ねられたり、素顔の岩下志麻さんとエレベーターでご一緒したり、食堂にはいつも誰か有名人がいて、急に華やかな世界に入った気分でした。

授業は東京芸大邦楽科を卒業された方々や家元のご子息やら、凄いメンバーが揃っていました。本格的に琴を習い始めて5年ほどの私は、最初はちょっと遠慮して小さくなっていました。でも卒業演奏の時には、17絃(普通の琴は13絃)をバリバリ演奏できるようになっていました。

特に調弦やテンポを「これでいい？」とメンバーから頼られるようになり、「この世界なら絶対日本一になれる！」と確信しました。何故なら私は皆さんと全然感性が違っていたからです。

エピソード6 詩吟伴奏のレコーディングからロックへ

■東芝EMIでのアルバムレコーディングに参加

ある日、尺八の先生から、CBCテレビの正月番組で詩吟の伴奏をしてもらえないか、との依頼がありました。「詩吟は全く判らなので無理です」とお断りすると、「楽譜もなくアドリブで17絃を自由に弾いてください」とのことです。

熱心に懇願されたのでお引き受けすることになり、吟城流家元・京極吟城先生にお会いしました。先生は、私の演奏をとても気に入ってくださり、しばらくすると専属の演奏者として、東芝EMIでのアルバムレコーディングに参加して欲しいとオファーをいただきました。

スタジオでは詩吟の内容に合わせ前奏や間奏など、水を得た魚のように音を奏でました。でも3枚目のアルバム収録の時、私の琴が前に出過ぎて詩吟が歌えないという状態になります。若さゆえ伴奏者に徹することに欠けていたのだと、今では猛反省しています。

しかし、その時に、東芝EMIの千野プロデューサーからの「ロックに転向しよう！」という驚きの提案があったのです。この提案をきっかけにして、「琴ダンシングクイーン」ABBAのヒット曲でのファーストアルバムが誕生しました。

次に琴ジャパネスク「ドリフティング・アローン」というフュージョンアルバムをレコー

ディングしました。これはA面がユーミンの音楽監督や、「ハナミズキ」の編曲をした武部聡志さんが書いたオリジナル曲で、B面はエレクトーン奏者の太田恵子さん編曲の「展覧会の絵」です。

A面の楽曲「思い出は涙だけ」では、伊藤タケシさんのソロサックス部分で、私が「歌いたい！」と言い出したので、パーカッションで参加していたペッカーさんがその場で英語の歌詞を書き、高橋英昭プロデューサーに「耳元でささやくように」と言われるままにレコーディングしました。アルバムが完成するまで、その歌が入っているとは聞かされていなかったので、初めてアルバムを聴いたときは「やった！」と、とても感激しました。

その他にも「魅惑の琴」シリーズなど、東芝ＥＭＩではたくさんのアルバム制作で大変お世話になりました。アルバムのキャンペーン活動でのＴＶやラジオ出演では、日本中のいろいろな都市に行きました。その時々の地元料理も美味しく、スタッフの皆さんも親切な方ばかりで、とても充実した日々となりました。

当時の東芝ＥＭＩはユーミンさんの全盛期でした。スタジオでユーミンさんにお会いすると「私より派手な琴弾きが来た！」と笑っておられたのも楽しい思い出のひとつです。

■立ったまま琴を演奏するロックスタイルの完成

その後、プロデューサーの指示でマーサ三宅先生のボイストレーニングを受けます。その時、私の音域が3オクターブ近くもあることに先生が驚かれます。

また、NHK育成会在籍中、地唄三味線を人間国宝・初代富山清琴先生の鎌倉のご自宅に稽古に通った時にも、盲目の清琴先生から、「どうして歌う声と話す声が違うの？」とファルセットで歌わず地声で歌うようにとご指摘されたのです。青天の霹靂でした。なんと古曲をどの曲も1オクターブ高く唄っていたのですから。

▼日本初、立って琴を演奏するロックスタイルが完成

それから地唄三味線のお稽古で、低音部もしっかりと地声で歌えるようになり、カラオケでも森山良子さんやトワエモアさんの曲しか歌えなかった私が、急に美空ひばりさんの歌が十八番になります。音域の広さを自覚したことで、歌うことに自信がついたのです。

そして、新たなアルバム「ドリフティング・アローン」の発売に向けた準備を始めます。演奏ス

タイルを決めようと琴を部屋中に並べました。どう考えても琴が5面以上は必要です。一人でこれらの楽器を演奏して、英語で歌って踊るには、「もう立って弾くしかない！」と決めます。早速、実家の建築で凄腕だった大工さんに相談して立奏台を作ってもらいました。

17絃・ソプラノ琴・中国琴などサイズも高さも違い、また揺れないことも絶対条件ですので、その重量と大きさで移動やセッティングがとにかく大変でした。でも、これが日本で初めて立って琴を演奏するスタイルの完成でした。私のステージでのパフォーマンスは、従来の琴演奏とはかけ離れたものとなり脚光を浴びます。スポットライトの中で、弾いて、歌って、踊ることが本当に楽しくて、幸せでもう無我夢中の毎日が続いたのです。

エピソード7 テレビ出演で拓いた司会者への道

■「徹子の部屋」への出演、増えるお弟子さん

私の琴演奏が話題となると、多数のテレビ出演が決まります。

「題名のない音楽会」に出演した時は、司会の黛敏郎さんから色違いのバラ100本の花束が、ゴトウ花店から自宅に届きました。

石井ふく子先生からはドラマ出演のお話があり、「女優にはなりたくない」と何度もお断りします。「それなら何がしたいの？」と先生に聞かれて、「音楽で生きていきたいです…」と言うと、なんと東芝日曜劇場の2時間特別番組の台本をいただいたのです。

そして、作曲ために子供の頃から憧れていたピアノを買い、母が畑仕事をする屋上で台本を読んでいた時、内容が悲しくて涙を拭きながらも曲が浮かびました。その曲が私の処女作「二人の舟」です。ドラマが放映され、主演の佐久間良子さん、林与一さんの前に「音楽・長田清子」とテロップが出た時は、もう感無量でした。

「徹子の部屋」にもゲストとして招かれます。黒柳徹子さんとの打ち合わせの時、私のことを知っていただこうと普通にお話ししていました。ところが照明が途中で落とされ「お疲れさま」とお帰りになってしまったのです。もう目の前が真っ白になりました。東芝ＥＭＩの高橋プロデューサーから「徹子さんが君に2時間も使えないでしょう」と言われます。

カメリハもないまま収録を終えましたが、結局、オンエアは怖くて生で見ることができませんでした。

ところが世の中の反応は凄かったのです。弟子になりたいと日本中から問い合わせがあり、自宅に押し掛けて来たのです。琴を持って母親と来て、内弟子にしてくださいと居座られたこともありました。稽古日のスケジュールは30分刻みで生徒名がびっしりと書かれ、食事の時間さえ取れません。テレビ出演やレコーディング、そのための練習に追われ、帰宅時には疲れ切って玄関で倒れこんで寝てしまうこともありました。

■「わいわいサタデー」の司会とテーマ曲づくり

関西でのＴＶゲスト出演も多くなりました。

「ノックは無用！」に出演の時には、藤本登紀子さんから「どちらが宝塚か分からない」と隣の大地真央さんと比較されたこともありました。

大阪朝日放送「おはよう朝日です」に出演後、プラザホテルのロビーで話があるからと伺うと、大勢の男性陣が私

▲徹子の部屋（テレビ朝日）に出演後、お弟子希望者が殺到

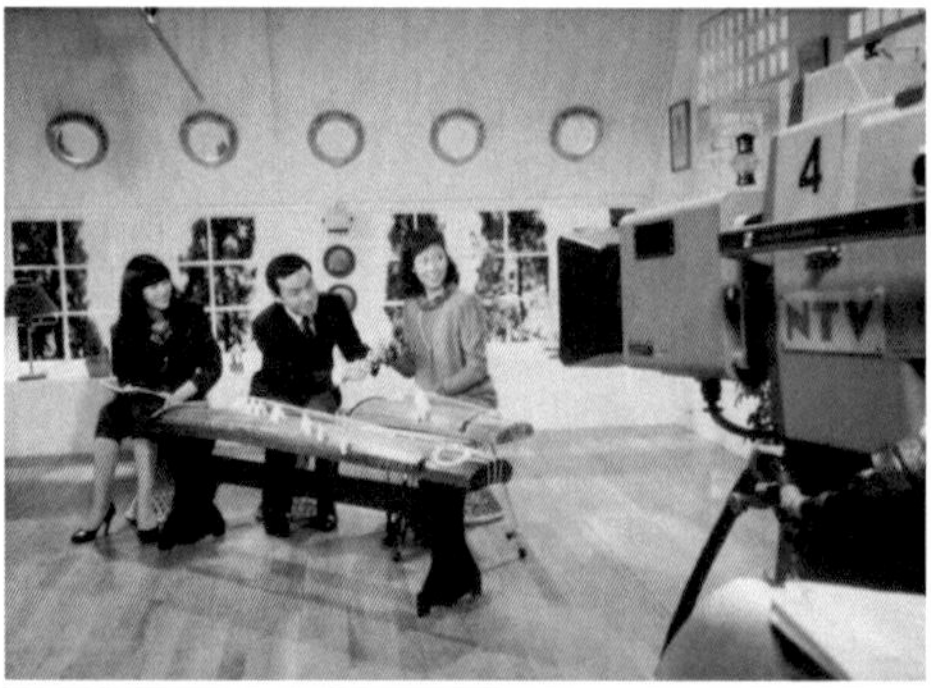

▲おしゃれ（日本テレビ）に出演。司会は久米宏さんと楠田枝里子さん

▲題名のない音楽会（テレビ朝日）の出演の際、司会の黛敏郎さんと楽屋で

を待っていました。そして、新番組の司会者にというお話が出たのです。もちろん私は「無理です。できません！」の一点張り。私はテレビに映る自分の顔が大嫌いだったのです。「上岡龍太郎さんと乾浩明さんの間に入る女性は貴方しかいません」と口説かれます。

そして「番組のテーマ曲は決まっていますか？」と聞くと、キダタロウさんに発注していると伺いましたが、「テーマ曲を書かせてください。それならば司会をお引き受けします」と答えていました。

そして、その曲は、東京に戻る飛行機の中で生まれたのです。

♪わいわいサタデー〜　わいわい　わいわい　わいわい　わいわい　サタデー〜

わいわいサタデー〜

「よしっ、これだ！」と思い、羽田空港から直ぐに「風雲！たけし城」の録音を頼まれていたスタジオに入り、アレンジャーの小野寺忠一先生に相談します。メロディーを口ずさむと「これはいい、決まりだな！」ということになり、その場で楽譜を書き始め、スタジオミュージシャンの演奏で、なんと依頼から6時間ほどでデモテープまで完成したのです。

1週間後、「この曲に決まりました」と連絡がありました。三枝さんの「いらっしゃ〜い！」や「探偵ナイトスクープ」を手掛ける鬼才・松本修プロデューサーさんからです。

約束通り司会もしなければなりません。前日に大阪に入り台本を読んでの打ち合わせ、当日は午前11時から2時間カメリハ、そして2時〜4時までの生放送です。

毎週変わった美人コンテスト番組で、福山雅治さんと結婚された吹石一恵さんも小学4年生の時に「小学生美人コンテスト」に出演された番組です。優勝者にはハワイ旅行の賞品が副賞です。出演者は7人で、1次審査は水着、2次審査はかくし芸、そして選ばれたベスト3から優勝者が決定といった展開です。

私が一番力を注いだのは、かくし芸のリハーサルです。歌を歌ったり踊ったりと各自が自由なパフォーマンスをするのです。エレクトーン奏者の伴奏で本人に合ったキーや動きを、ほとんど私の感性で司会進行しました。

リハーサルは公開なので客席は満員です。その時にステージから降りて皆さんとお話ししたり、ご高齢者に席をお譲りしたりと、私にはこの時間が司会者として、とても充実したやりがいのあるひとときでした。

やがてこの番組は、高視聴率の長寿番組に育ち、テーマ曲「わいわいサタデー」は、今も同年代の皆様の記憶に残る聞き覚えのある曲になりました。そして、オルゴールにもなったのです。

■関西では司会者としてお茶の間の人気者に

次に決まった番組は毎日ラジオ放送の「ごきげんさん！ 2時は仁鶴と清子です」でした。八方さん、オール阪神巨人さんと、毎日違うレギュラー司会で私たちは月曜日の担当です。

ところがこれが大変だったのです。元々月曜は仁鶴師匠が奥様の隆子姫とやっていらして、急に訳の分からない琴弾きの私に代わって抵抗があったのでしょう。私には何も話させてくれず、一人でどんどん進行されるのです。番組が終わるといつも担当ディレクターから「テレビじゃないから喋らないと駄目だ！」と叱られ、胃が痛み、いつしか月曜日が憂鬱になりました。

2か月ほどして、もう私の腹は決まりました。降ろされてもいいから仁鶴師匠に談判しようと。CM前に原稿を読んだ時、カフ（マイクのオンオフを手元で操作する機器）が切られ師匠から「船頭は二人いらん！」と怒鳴られたのです。

その時「私は師匠を尊敬していますし、大ファンなので横に座って頷いているだけで幸せです。でも毎週ディレクターに叱られて…」と。多分、目を真っ赤にして直訴したのだと思います。するとCM明けから私の台本に赤線を引き、ここを読みなさいと指示してくださったのです。

それから私たちは徐々に頓珍漢な親子のように、笑いっぱなしの2時間の生放送ができるようになりました。「日本昔ばなし」のコーナーでは間奏にソプラノ琴を弾き、私が声色で複数の人物をへんてこりんに演じます。「三題小噺」では、リスナーさんからの応募はがきと私の下手な小噺を師匠が採点して笑いをとります。

また「先週東京で何かあった？」と振られると、夜のヒットスタジオで松田聖子ちゃんにイタリア土産のポシェットを上げたら、翌週に郷ひろみさんに「先日は、ありがとうございました」とお礼を言われたけど、あの二人付き合っているのかな？とか。皆で腕の血管が太いか細いかを話している時、中森明菜さんが通って、同じように腕を出したので私が「太いね」

▲わいわいサタデー（朝日放送）では司会とテーマ曲を作曲（上写真・右から上岡龍太郎さん、乾浩明さん、笑福亭鶴志さん）

▲毎日ラジオ放送の「ごきげんさん！２時は仁鶴と清子です」では、仁鶴師匠と名コンビになれました。

と言ったら腕が太いと言われたと思って急に楽屋に戻っちゃったとか。六本木で深夜、今いくよくるよ姉さんに会ったら、急に腹痛で「トイレ！」となり、公衆便所まで走ると「長田さんティッシュペーパー！」と言われ渡したとか。何でも喋っちゃいました。

その頃、私が空港からスタジオまでタクシーに乗ると運転手さんに「長田さん、ほんまにおもろいなー」と言われます。リスナーさんからのファンレターも増え、聴取率もいつの間にか月曜がトップになっていました。琴の演奏家としてデビューした私は、いつの間にか関西では司会者としてお茶の間の人気者になっていたのです。

でも30歳になったら渡米するという次の目標が、すでに頭の中に浮かんでいました。飛行機好きの私は、週2回東京〜大阪移動の空から、「人間は蟻みたいに小さいなぁ。1匹くらい木の葉に乗って自由に漂うのもいいなぁ」といつも思っていたのです。

東京〜大阪ではなく、日本〜アメリカが私には合っている。きっとそうなる！タレントとしてちやほやされると自分を見失うし、正直アホになるような気がしていたのです。20歳で琴を持って上京したのだから、30歳で琴を持って渡米し自分を試したい！それは漠然としたものでしたが、その気持ちは日増しに強くなっていきました。

エピソード8 ダイヤモンドパーソナリティ賞の受賞

■「ハワイ公演」に琴演奏者として同行

ピアノの巨匠カーメン・キャバレロさんと共演したのは、服部克久先生が音楽監督をしていた「ミュージックフェアー」でのことした。

当時は仕事に追われていて余裕もなく、初老のピアニストの方だという印象しかありませんでした。それに正直、良く存じ上げておりませんでした。数十年後にタイロン・パワー主演の映画「愛情物語」を見て涙で感動した時、あの素晴らしいピアノ演奏がキャバレロ氏だったと初めて知りました。楽屋にご挨拶に行くことも、サインやお写真を撮っていただくこともなく、大変失礼してしまったことを今でも悔やんでいます。

そのような凄い方と共演をさせてくださった服部克久先生には、たくさんの想い出があります。宮川泰先生や前田憲男先生のアレンジは、死ぬほど練習しなければ弾けませんでした。でも服部克久先生の楽譜はやさしいので、どんどん音符を増やして「こうしてもいいですか？」とお聞きすると「ああいいよ」と自由に弾かせてくださるのです。私のアルバム曲にもモダンな編曲をしていただき、先生の美しい奥様にも帯などを頂戴し、本当に可愛がっていただきました。

その服部先生が音楽監督する「演歌歌手Ｉさん・ハワイ公演」に琴演奏者としてのオファーがありました。何度も歌番組では、お会いしていましたが共演は初めてです。ハワイ行きの飛行機で、Ｉさんがご自分のファーストクラスから私のエコノミーの隣の席にいらして、ずっとおしゃべりをしていたら、あっという間にハワイに着いてしまいました。

そして、何を思ったのか女性マネージャーが私の荷物を絶対に運ばないようにとスタッフにお触れを出したのです。なので私は、琴・立奏台・衣装などを一人で何往復もしてバスに乗せなければなりませんでした。

コンサート当日も琴の調弦や支度をしていると、また女性マネージャーが来て、ダンサーさんの楽屋の電球が切れたので私に付け換えるよう命じたのです。本番前の精神を統一させたいとても大切な時間でした。もちろん応じませんでしたが、あまりの意地悪さに、ずっと我慢の日々ももう限界に近づいていました。

「ハワイ公演」は大成功を収め、琴の演奏は日系人の多くの方が涙されたとお聞きしました。帰国まであと二日ありましたが、あまりにもいじめが辛いので、先に帰国される服部克久先生と一緒に帰国しようと準備を始めます。

食事の時に、Iさんに「明日、先に帰ります」と報告しました。すると「明日じゃないだろ？ どうした」と心配され、ご本人のスイートルームまで私の腕を取って連れて行かれました。そうしなければ私がその場から逃げ出そうとしていたからです。きっと何かあったのだろうと心配してくださったのだと思います。

リビングでこれまでの数日間の出来事や、先に帰国したい説明をし終えると、笑いながら分かったからと、波の音と遠くでハワイアンの音が聞こえるベランダへ促され、初めてキスをされました。多分、1時間以上です。あんなに長いキスは生まれて初めてでした。

Iさんは私が帰国しないように、「明日は大事な表敬訪問が入って、輪島さんとゴルフに行けなくなったので代わりに行って来て欲しい」と用事まで言いつけます。私は帰国を予定通りに戻しますと約束して、「同室のダンサーさんが心配して待っていますから…」と自分の部屋に戻りました。

それから数日間、唇と舌が痛くて食べるのにも不自由でしたがちょっと幸せでした。Iさんからは、ハワイ公演の記念にと金のブレスレットをプレゼントしていただきました。

翌日のゴルフは元横綱・輪島さんと、最初の奥様である五月さんとご一緒でした。楽しい、笑いっぱなしのゴルフです。部屋に戻ってもベッドの上を飛び跳ねる五月さんの天真爛漫な姿に救われました。

■琴フュージョンの先駆者として「ダイヤモンドパーソナリティ賞」を受賞

帰国後しばらくして、Iさんのプロダクションからレコーディング依頼の連絡がありました。スタジオに行くとギターの木村好夫先生から「あれっ清ちゃん琴弾くの？」と聞かれます。「はい、一応呼ばれたのですけれど先生も？」とのやりとりです。まだ曲が確定していなかったのですが、Iさんの希望で新曲候補のイントロに琴を入れることになったのです。

「こんな風に弾いて欲しい」と本間千代子さんのご主人である、ひのきしんじディレクターからイメージを丁寧に教えていただき、後日レコーディングとなりました。

そして、年末には数々の賞を獲得。4月からの8か月間、ほぼ毎日のようにIさんの琴伴奏をしてテレビや舞台に出演しました（夜のヒットスタジオ、演歌の花道など）。

でも途中で1度スランプになってしまったことがあったのです。最初はマイクミスだったのですが、同じ場所で意識して音がかすれたり飛んだりと、私がミスをすればIさんが歌えなくなると気負い、段々怖くて弾けなくなってしまったのです。初めて味わうスランプでした。気持ちを切り替えるために私は長い髪をばっさりショートにして、申し訳なさそうにIさんの前に行くと、「まるで鵜飼だなー」と笑っているのです。その笑顔で気持ちが解れ、また元通りに奏でることができてほっとしました。

大晦日のＮＨＫ紅白歌合戦、プロダクションは噂になりかけていた私が目立たないようにと、琴楽器奏者としてオーケストラブースの中で演奏させたのです。リハーサルで着物姿の私を見た司会の森光子さんや鈴木アナウンサーが、「どうして貴方がステージに出ないの？」

▲「ダイヤモンドパーソナリティ賞」の受表式

と不思議がっておられました。

この紅白は、都はるみさんの引退の日でもあったので、琴の演奏後に涙が出てしまった私を見て、指揮者のチャーリー石黒さんが「あれ、清ちゃん都はるみさんのファンなの？」と勘違いされたほどです。

演奏後、Ｉさんの楽屋に伺うと、ステテコ姿のお優しい三波春夫さんと同室でした。Ｉさんに、「今日で演奏を辞めます。長い間、有難うございました」とだけお伝えして楽屋を出ました。まさかこれが伴奏者として、最後の演奏と決めていたとは思いもされなかったことでしょう。

１９８４年は、私自身も思いがけない大きな賞に選ばれました。第2回ダイヤモンドパーソナリティ賞でした。ダイヤモンドの美しさ、希少性、神秘性を備え、その年に最も輝いていた人に贈られる賞です。男性は射撃でロスオリンピック日本初の金メダルを獲得した蒲池猛夫さん。私は琴フュージョンの先駆者としての受賞でした。

日本記者クラブでの会見とニューオータニの鶴の間での豪華なパーティー。副賞に1カラットのダイヤモンドペンダントもいただき、同席した母も感激していました。翌年の第3回受賞者は毛利衛さんと有森裕子さん、私もプレゼンターとして出席しました。その後も吉永小百合さん、中村紘子さんらが受賞され、第19回の松田聖子さん、第22回の森光子さんには、総額1，０００万のダイヤモンドネックレスが贈られました。この素晴らしい賞の受賞が、私の海外進出へのステップになったのかもしれません。

エピソード9 プロポーズを断念した想い

■日米協会理事のドクターからのプロポーズ

テレビ出演の楽屋で川中美幸さんと隣り合わせた時、関西弁で会話が弾み初対面でイヤリングを交換するほど仲良くなりました。その後、美幸さんも私も忙しい毎日でしたが、お互いの家を行き来して、お風呂もベッドも一緒にするほどです。

私の自宅で料理を作ると、仕事帰りに立ち寄ってくださり、食後、美幸さんが洗い物をしようとするので、「マイク持つ手が荒れるといけないから」と止めると、「皆と同じことができないといい歌は歌えないのよ」と、さっと片付けてしまうのです。裁縫もお得意で、コースターやテーブルクロスなど素敵な手作りをたくさんいただきました。

美幸さんは親想いで、優しいお兄さんがいます。私と兄の関係を知っているので、「お兄ちゃんがもっとしっかりしていたら、私たちこんなに働かなくて良かったのにね。でも清ちゃん、お兄ちゃんが生まれてくる時、お母ちゃんの身体の中に良い物をたくさん残してくれたから、私は歌の仕事ができるのよ。だから何倍も親孝行するのは当たり前やんか」と言われたのです。目から鱗が落ちました。その言葉で、私は長男らしいことを何もしてくれなかった兄を恨んでいたことを恥じました。美幸さんからは本当に教わることばかりでした。

美幸さんのご家族と一緒に「紅白歌合戦」が済んでお正月からハワイ旅行に行きました。

▼川中美幸さんとは、出会った時から意気投合。
今でも大親友の一人です。（夜のワイキキビーチにて）

ワイキキで砂の中に埋もれ、流木やコンブで飾り立て大爆笑し、お部屋でも笑い過ぎて、美幸さんのお母さんの入れ歯が飛んでしまうほど、とにかく楽しい珍道中でした。

そんなハワイでの1日、ゴルフの予定があり美幸さんの知人の税関役員とその親友のドクターとご一緒しました。帰国の日、そのドクターがレイと花束を持って空港に見送りに来てくださったのです。「あの人、清ちゃんに気があるね」と美幸さんが言った通り、1月に出会い、2月に九州の病院へ招待され、3月結納、5月の連休に世界旅行をと…、ドクターからプロポーズされたのです。

２月、宮崎空港に着くと大きな外車が迎えに来ています。立派な総合病院横の本宅に着くとお手伝いさんが手厚くおもてなしをしてくれます。外科医のドクターは年上で離婚歴もありましたが、優しくて紳士的であり、日米協会の理事長でハワイとサンフランシスコに家がありました。「１００坪の土地に君の好きな家を建てたい…」「君は家庭のことはしないで、好きな琴とゴルフだけをしなさい…」と私には夢のようなお話しでした。

■演歌歌手Iさんとの想い出

九州から戻って直ぐに美幸さんに報告しました。喜んでくれると思ったのに「でも、Iさんも清ちゃんのこと好きだと思うよ」と言います。何か、いやーな予感がしました。「明日、ゼロ学の山本令奈先生のお宅へ行こう。令奈先生がいいと言えば決めてもいいと思うよ」ということになったのです。

初めてお会いする令奈先生に、ドクターのお名前と生年月日をお伝えしました。相性など悪いとは言われませんでしたが、美幸さんからIさんの話に展開すると「今日は日がいいから直ぐIさんに会って、彼が〃おめでとう〃と言ったら決めましょう」と言います。その日、私はドクターのことを名古屋の家族に相談するつもりで大きな鞄を持っていたのに、そのまま中野サンプラザでコンサートをしているIさんの楽屋へ向かわされました。

行っても無駄なのにと思いましたが、取り敢えず占いの先生と美幸さんの言う通りにしようと思いました。私の顔を見るとIさんのお姉さんが「一緒に見ましょう」と客席に連れて行ってくださり舞台を拝見します。多分これが最後になると思うと涙が溢れます。

昼の部が済んで私は楽屋に行きました。大晦日の紅白以来でしたから久しぶりです。私の顔を見ると「おー、今日は朝から何も食べてないからやっと食事だ」とおっしゃり、いつもの笑顔で「どうした？」「大事なお話があるので二人だけで…」とお願いしました。

食事中のIさんの後ろから「私結婚することになりました」と言うと急に箸が止まります。しばらく沈黙のあとに「誰と？」「遠い所の人です。九州の…」「遠いなー」でまた沈黙です。「付き合っていたのか？」「いえ、先月、美幸さんとハワイでゴルフをしてプロポーズされました。

それで来月結納がしたいと」と会話が続きます。

早く「おめでとう！と言って！」と心の中で祈っていました。また長い沈黙です。「分かった。結納は延ばして欲しい」「えっ！どうやって？」「お母さんが階段から落ちて怪我をしたことにすればいい」と言います。私はもう訳が分からなくなりました。そして「1週間したら電話をするから待って欲しい」と言われたのです。

新幹線で名古屋へ向かう間も頭の中は真っ白でした。琴の伴奏をしていた頃も大勢の女性と噂になっていましたし、私たちはハワイでの長いキスだけでお付き合いもしていないのです。

約束通り1週間後に「CM撮りで地方に行っていて今戻ったのでこれから行く」と電話があり、目黒通りにある私のマンションまでの道を教えます。目深にキャップを被り、辺りを気にしながら車から降りて部屋に来るとリビングの椅子に腰もかけず床に座られ、私も正座したままで話が始まりました。「今すぐ結婚ができないことは分かるな？でもこのまま結婚をしないで待っていて欲しい」と。そこで私から「一体私のことをどう思っているのですか？」と尋ねると「愛おしい」とおっしゃったのです。もうそれだけで充分でした。

ドクターには、お結納をお断りし、世界旅行も空港へ出向きお見送りだけしました。搭乗口に入られる後ろ姿がとても寂しそうでした。でもドイツやコペンハーゲンから絵葉書が届き、「ここを君に見せてあげたかった」など本当にお優しい方なのだと改めて感じました。そしてドクターとは生涯の友になりましたが、30歳までに結婚して幸せな家庭を持ちたかった私の夢は儚く消えたのです。

その後、お互いに多忙を極めていたIさんとはお付き合いが進展することもなく、プロダクションも人気絶頂のため、私との距離を近づけないように躍起でした。そして自然消滅に…。今思えば努力家で、お母様やご兄弟への家族愛の深いIさんを先輩として心から尊敬していたのだと思います。

エピソード10 多くの著名人、財界人との出会いに感謝

■多くの著名人の方々との琴を通しての出会い

私の演奏スタイルは、立って複数の琴（13絃・17絃・ソプラノ琴・中国琴等）を演奏し、英語で歌って踊り、とにかくかっこよく弾いて魅せるプレーヤーです。

TBSの音楽番組では、長い階段に琴を6面並べ、移動しながら演奏し、中野ブラザーズのタップダンスと掛け合うという演出でした。ダンロップフェニックス前夜祭では、フルバンドでのジャズ琴演奏です。翌日、招待選手の奥様方に地元の先生がお琴を教えようとすると、「昨夜のKIYOKOに習いたい」との声が上がります。ゴルフの試合を観戦中だった私が慌てて飛んで行くと、奥様方から歓声が上がりました。

琴演奏家としては、美空ひばりさんから氷川きよしさんまで、本当に多くの歌手の方々と

共演させていただきました。また、アンルイスさん、石川さゆりさん、柏原芳恵さんなど多くの方々に琴の指導をさせていただきました。

「クイズドレミファドン」では、ビートルズを琴で即興演奏。NHKでは演歌5人衆、伍代夏子・坂本冬美・香西かおり・藤あや子・長山洋子さんに琴の指導を。桂文枝さんや春風亭小朝さん、川中美幸さんもとても熱心にお稽古をされました。八代亜紀さんは、出番前に私の帯揚げを直してくださったり、いつお会いしても本当にご親切でした。

劇場の演奏シーンでは京塚昌子さんのご指導や、歌舞伎・四代目市川団四郎さんの舞踊琴演奏も致しました。2020年NHK連続テレビ小説「エール」の中で琴演奏をされたヒロ

▲東京国際マラソン前夜祭での琴演奏

▲東京音楽祭演後のパーティでは、スティービーワンダーさんと親しくさせていただきました。

イン・二階堂ふみさんも、とても一生懸命に真面目に練習されました。本当に多くの皆様に、ご指導できたご縁も大切に思います。また、いろいろなパーティでの琴演奏で三船敏郎さん鶴田浩二さんにもお会いすることができました。

外国人アーティストとは、東京音楽祭でスティービーワンダーさん、打ち上げで隣に座り、生年月日や私の手に触れた感覚で人柄が分かるようで、渡米してのセッションの依頼もありました。パーティーでご一緒したモハメドアリさんの奥様が、私の西陣織バッグが気に入られ差し上げたこともありました。関西では後援会「KOSS」Kiyoko Osada Supporting society（婦人服デザイナー太田圭彦氏が発起人）も設立されました。

■支援していただいた多くの財界人の方々に感謝

大阪で女性アナウンサー学校からの講演を依頼されます。わいわいサタデー審査委員長の中村鋭一先生に「講演は初めてなので、どうしたら良いですか？」とお尋ねすると「10分に1度くらい笑わせるといいよ」と教えていただきました。当日は1時間半の予定が時間オーバーとなるほどの好評で、これなら講演のお仕事もお受けできると自信を持ちました。

次に私の後援会の「キンチョウ」上山社長から、大阪ロー

▲桑名・涼仙ゴルフ倶楽部の水谷紀夫会長と市川左團次師匠とご一緒に

タリーの卓話を依頼されます。時間が短いから大丈夫だろうと伺うと、ピアノの生演奏「さくら」で壇上に立った私は、ご高齢の錚々たる紳士が面前に着席されていて、しばらく言葉が出ません。私は正直に「目上の皆様に教わることはありますが、私の経験など取るに足りません」とお詫びしたのです。すると客席から「では質問形式にしましょう」と声をかけていただき、西洋音楽と日本音楽の違い、海外での体験などをお話しました。

「海外のデパートに行くと必ずその国の伝統楽器があり、香港で中国琴を奏でていたら階段まで人だかりができて皆さんに拍手をいただきました。でも日本のデパートにはシャネルやヴィトンはあっても琴や三味線、昔は置いてあった楽譜すら買えません。情けないです」とお話すると、何と最前列に高島屋の社長さんがいらしたそうです。

翌週、朝日放送「わいわいサタデー」のスタジオに入ると松田プロデューサーが飛んで来て「長田君、偉いことやったなー」と言われます。「ロータリーの皆さんが、いつも若造が来て偉そうに喋るのにあの子は違う」と褒めてくださり、なんと高島屋では和楽器のコーナーが復元されたとお聞きしました。

その後も上山社長と親交のある永谷園の永谷社長、ニューオータニの大谷社長に後援していただき、祇園一力亭での食事会では指揮者・小澤征爾さんともご一緒させていただきました。シーボン化粧品の犬塚社長のお計らいで、六本木本社で琴を教えたこともありました。ヤナセの柳瀬次郎社長とは、偶然に北海道でお会いし、スキーをするならと雪上車にプロスキーヤー同乗で新雪を滑降させていただきました。

藤田まことさんやゴルフ杉原プロの後援会長の阪急食肉の佐野社長は、私の大ファンでいてくださったことに心より感謝致しております。また、名古屋では、毎日、寿司屋のテーブルに設計図を広げ、桑名・涼仙ゴルフ倶楽部設立の相談をされていた水谷紀夫会長と植芝園の笹社長は、短大生の頃から応援してくださいました。

20代の頃の私を、このように政財界の偉大な皆様方が応援してくださったことを誇りに思い、心より感謝致しております。そして、皆様のご冥福を心よりお祈り申し上げげます。

エピソード11 新幹線で出会った米長邦雄永世棋聖

■不思議な存在感のある将棋界の第一人者

真夏の暑い日、大阪から東京へ戻る途中、新幹線の空調故障により名古屋駅で降りてホームで臨時列車を待っていました。すると隣から涼しい風を感じます。誰かが扇子で仰ぎその恩恵だと思い立っていましたが、ふと横を見ると汗だくになって扇子で私に風を送ってくださる男性がいます。

気付いた私に微笑み、次はお弁当を買いに猛ダッシュです。そして「隣の席いいですか?」と、結局東京までご一緒の席でお弁当をいただきました。お話しすると将棋をされているとのこと。いただいた扇子には『米長邦雄』とサインがありました。

それでも私は存じ上げないまま、その方に「派手な女性に声を掛けるのは良くないですよ。私だからいいようなものの…」と注意します。「はっはっはっ、僕は見る目があるから大丈夫ですよ。浅草に美味しいロシア料理の店があるので是非お誘いします」とのこと。「懲りない方だなー」と思いつつ、「東大出身の兄より僕の方が頭いい」などと屈託ない笑顔で話される面白い方だと感じました。

帰宅後、実家の叔父に電話で尋ねると、将棋界の第一人者で凄く立派な方だと判りびっくくです。後日、浅草寺でお参りを済ませて、お言葉に甘えて雷門近くのロシア料理「マノス」で米長先生とお食事をさせていただきました。生まれて初めて蜂蜜たっぷりのフォアグラソテーをいただき、その美味さに感激しました。

そして「君は馬鹿だな〜、僕の才能を受け継ぐ子供を産めばいいのに…」と、私の手を握ったこともないのに突拍子もない冗談を言っては驚かせます。でも本当は紳士で、それ以降も将棋タイトルの祝賀会にご招待していただいたり、私が渡米中にも名古屋へお寿司を食べに来てくださったそうです。本当に心より感謝致しております。

エピソード12 家族への想いと支えてくれた関西の方々への感謝

■父の病気と家族への想い

弟からの電話で「お姉ちゃん、直ぐ病院に行って欲しい」と急ぎ病院に駆けつけると父の病を聞かされます。「直腸がんで手遅れです」と主治医から説明されます。久しぶりに会った父はやせ細り、父の住む部屋へ行くと血の付いた下着が押し入れにたくさんあり、涙が溢れます。どうして長い間会わなかったのか悔やみました。

父を病院の個室に入れて、上等なパジャマやガウンを揃え、九州のドクターに相談して少しでも長く生きて欲しいと、癌の摘出と人工肛門再生手術をすることに決めました。しかし、よりによってその手術日が私が東京芸術大学・邦楽部別科の受験日だったのです。

手術時間は約8時間、何かあったらと思うと気が気ではなく、その朝に大学に連絡をして受験を断念しました。年齢制限もありそれが私のラストチャンスでしたが、指導して受験した弟子が合格したのと、父の手術も無事に済んだことで、吉と考えるしかありませんでした。でも本当に私は学歴にはとんと縁がないのですね。

名古屋の寿司店の方は、叔母が結婚して地続きの土地も手に入れたので、新たにビルを建てることになりました。お店も拡大して家族一丸で盛り立てようと、店舗を2倍にして中庭と奥

▲拡張した名古屋の寿司店の中庭にて

座敷宴会場を増設しました。しかし、寿司店を継でいた兄には大きな店舗は重荷でした。兄嫁も嫁姑問題に疲れ、結局、夫婦で家を出て他で店を構えることになったのです。

私は鮨桶一式と配達用の新車を開店祝いとして贈り、兄の新しい船出と繁栄を祈りました。兄嫁は夫を立て献身的に尽くす芯のある女性でした。その後、兄夫婦の商売も順調で、今では大きなビルのオーナーにもなり本当に嬉しく思います。

私は父の病気のこともあり、再度名古屋のお店を取り仕切ることに決めます。脱サラして下さった叔父に共同経営をお願いして、鮨・しゃぶしゃぶの2本立てのお店をオープンさせました。

父の入院中、時々私への差し入れなど気遣ってくれる気立ての良い弟の彼女がいました。でも、結局、弟はその天使のような娘さんではなく、家族全員が反対した女性と結婚してしまい、私たちと距離を置くことになります。でも後に離婚して、現在弟は認知症になった母を献身的に介護してくれ、ほんとうに感謝しています。

父の病状も回復し、毎月の家賃や生活費を届け、掃除後に夕食を一緒にし、近くの喫茶店でコーヒーチケットを1か月分買ってあげ、大晦日には寝具一式を新品にして父の部屋を大掃除するなど、孫を見せる以外の親孝行はいろいろできたと思います。ただ母はいつも大晦日になると深夜まで帰ってこない私を怒ってはいましたが…。

足の悪くなり始めた母のために、2階玄関横に庭を作ったり、裏のビルへの行き来ができる渡り廊下も増築しました。その度に、1千万円ほどの出費がありましたが、私は自分のために東京で家を買おうなどと考えたこともなく、全て両親や家族に還元することが私の使命だと考えていましたし、またそれが幸せでした。そして、お店も軌道に乗せ、不安がる叔父夫妻には赤字になったら援護射撃をするからと勇気づけ店を譲り、渡米の準備を始めたのです。

実はその後、従業員を使うのが苦手な叔父夫妻のために宴会場に冷蔵庫を設置してセルフ形式にしたり、蟹を1匹付け、お客様から料理の催促が来ないようにしたりといろいろと工夫を考えました。でも何よりもお客様方が「作ったら運ぶからいいよ！」とお手伝いしてくださり、どうにか凄い量の宴会をこなすことができました。お陰で20年ローンの銀行返済も5年で完済できるほど繁盛し、叔父夫妻も疲れを感じる暇もなかったようです。

私たちは死ぬほど頑張って商売を営みました。そのお陰で90歳をとうに過ぎた認知症の母をビルの家賃収入で一生面倒をみられることは、本当に幸せだと思います。

■大好きな第2の故郷・関西

13年間続いた長寿番組「わいわいサタデー」をスタートから6年で、渡米を理由に途中降板したことは本当に申し訳なく思います。当時、関西では最高のギャラをいただいていたようです。ましてプロダクションに所属したことがないのでギャラは全額支給です。年収は3千万以上になっていました。その還付金のお陰で、夏の甲子園高校野球で番組が休みの2週間は、オリエント急行乗車などの豪華海外旅行を満喫することができました。

衣装はニューヨークやビバリーヒルズで、年に1着は作家物の帯か着物を自分へのご褒美に購入し、趣味の車もＢＭＷ・ベンツ・ジャガーなどを乗り替え、時計のコレクションも増えました。

自分でがむしゃらに働いて贅沢三昧だった20代は、最高に充実した10年間でした。そしてプロダクションもマネージャーもいない私が、こんなに自由奔放に活動ができたのは、スタッフ・関係者の皆様方のお陰だったと今も感謝しています。我が儘ばかりの私を支えてくださり本当に有難うございました。大好きな第2の故郷・関西の皆様、本当にお世話になりました。

エピソード13 35歳、琴を担いでさぁアメリカだ!

■アメリカでのスタートはサンフランシスコで

サンフランシスコ国際空港から20分ほどのデイリーシティーのコンドミニアムは、九州のドクターが提供してくれました。美しい花々に溢れた坂の街やフィッシャーマンズなど異国情緒を満喫してアメリカでの生活が始まりました。

サンフランシスコで少し落ち着いたある日、ゴールデンゲートパークで「源氏物語を語る」という新聞記事を見つけます。早速、ソプラノ琴を持って行き、会場でのリハーサルを見て即興での琴伴奏を名乗り出たのです。もちろん歓迎していただき、琴・着物・日本語が大変

▲ワイナリーでワインの熟成に琴の音波長を聞かせる仕事もありました。

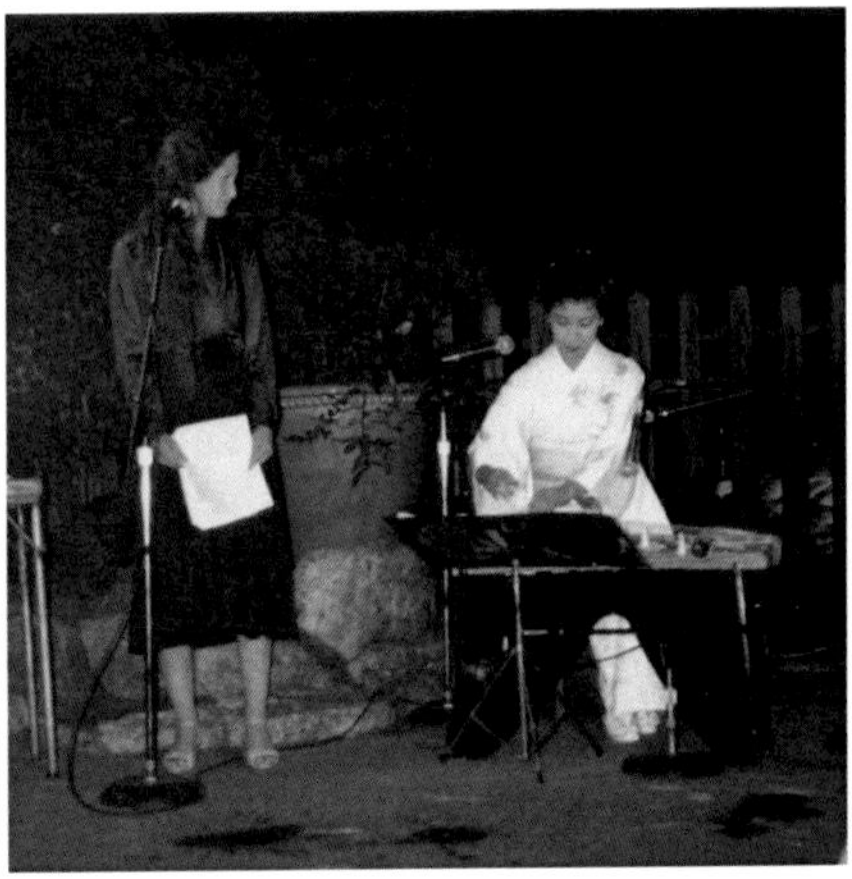
▲ゴールデンゲートパークで「源氏物語を語る」イベントに飛び入り参加。好評で現地新聞に取り上げられました。

喜ばれ、現地の新聞「北米毎日」にも大きく掲載されました。

そして、その場にいたご主人がイタリア人画家で日本人のKEIKOさんが、マネージャーを申し出てくれます。それからは信じられないほど仕事が舞い込み始めます。

まずは、ナパバレーのワイナリーでワインの熟成に琴の音波長を聞かせたいという仕事です。1日30分ワイン樽の部屋で演奏をすることと、週末の買い付けに来るお客様に琴パフォーマンスをお見せするという契約です。もちろん承諾しナパバレーへ向かいました。そこでは、早朝はバルーンに乗り、昼間はゴルフ、与えられたスィートルームも快適でした。車好きの私にとって、ワイナリーオーナーのクラシックカーのコレクションにも感動です。「アメリカってほんと凄い国だなー」とつくづく思いました。

ほかにもラスベガスのミラージュホテルでイ

ルカに琴の音波長を聞かせる仕事がありました。ホテルのオーナーの部屋の上をイルカが泳いでいて、そこでの演奏です。この仕事のお陰でいろいろなスーパースターのディナーショーを毎晩見ることができました。大好きなダイアナロスのショーでは、毎晩歩く軌道が分かっていたので、わざと通る所に着席し、おしりを触ったこともあります（ごめんなさい）。ここでもスィートルームに滞在させていただきました。

サンフランシスコでは、フランクシナトラのコンサートを鑑賞しました。もうご高齢でしたので、中央に背の高い椅子に座って歌うのですが、黒いズボンにカシミヤの黄色いセーター姿でめちゃくちゃ素敵だったのを覚えています。オペラは世界三大テノール、パヴァロッティ・ドミンゴ・カレーラスの生歌をゴールデンゲートパークで聴き、コンサート三昧の日々は凄い刺激と勉強になりました。

私の自宅にもスタンフォード大学の先生や生徒さんたちがお稽古に来て、小切手を切るのでバンクオブアメリカに口座を設けました。そのお金は、ジャパンタウンでの日本食の買い出しや生活費に充分すぎるほどでした。

友達も大勢できました。その友人たちとレイクタホにあるカリフォルニア州とネバダ州にまたがるスキー場に行きました。山頂から二つの州をまたいで滑り降りるスケール感は、ここでなくては味わえないものです。そして、昼食レストランでの食事、自分たちで生肉を買って焼くバーベキューの味も忘れられません。

週に1度はダウンタウンで市民グループのコーラスに入り、米国人の中に混じって一番張り切って下手な英語で歌っていたかと思うと笑えてきます。車での長距離にもすっかり慣れ、ロスのビバリーウィルシャーホテルに泊り、ロデオドライブでお買い物をします。そんな時、プリティーウーマンの鼻歌が出るのは仕方ありませんね。

しかし、1989年10月17日夕方5時4分、1週間後のUCバークレー校でのコンサート練習をしている時、サンフランシスコ地震に襲われました。棚から物が落ち、私はダイニングテーブルの下に身を屈めました。とても長く感じもう死ぬかと思いました。しばらくして窓から外を見ると、近くの大きなショッピングモールでは略奪が始まり、ライフルを持った警官が駆けつけるなど、まるでアクション映画そのものでした。日本へ無事の電話をしたくても通じず、停電も長く続き、懐中電灯と蝋燭だけが頼りでした。

■ 好評の演奏会、もっと勉強しなくてはと感じる

地震後、しばらくして演奏活動も再開しました。地震でゴールデンゲート橋が壊れたため、演奏会場のバークレーにはルート101を通って1時間以上余計にかかりました。でも、学生たちが音響や照明を完璧にしてくれ、最高の環境でのコンサートです。胸いっぱいになるほど、とても盛り上がった琴演奏のステージとなりました。

当日のプログラムは、ポップス琴で現地のギタリストとの共演です。日本の曲は「さくら」や童謡など日系2世・3世の方々への哀愁を伝えます。そして、この日は特別に1曲だけ叔母

が習い始めた地唄舞いを真似てみました。するとどうでしょう会場の反応が凄かったのです。

この時、「そうか！ 日本の文化は琴だけじゃ駄目なのだ！」「世界で日本文化を広めるには私自身がもっと勉強し直さなければならない」と強く感じたのです。これが渡米した私が一番に得た教訓でした。

また、普通、琴は下を向いて一生懸命弾くので聞く方も緊張するようです。でも舞いのように立ってお客様に微笑みながらのパフォーマンスは、親近感が湧くようでした。

１９９３年のサンフランシスコ桜まつりでは、前年アルベールビルオリンピックで金メダルを取ったフィギュアスケートのクリスティー山口さんとオープンカーでパレードをする予定でした。しかし、大雨が降り、マイクを仕込んだ琴にはビニールシートが被せられ、ドレスは濡れて散々なことになりました。お天気が良かったら、最高のパレードパフォーマンスをお見せできたのにとても残念でした。

大相撲サンノゼ巡業の前夜祭のゲストにも呼ばれました。演奏と舞が終わり正面でお辞儀をして顔を上げると、二子山親方が当時大関だった貴乃花関と舞台に歩み寄り「素晴らしかったです」とお褒めの言葉を掛けてくださったのです。客席に降りお写真をお願いすると、二子山親方が「この二人と撮った方がいい」と若貴兄弟をお呼びになり、私との３ショットを撮ってくださりました。その後、お二人が大横綱になると確信してご配慮くださったのでしょう。

その夜は一人横綱だった曙関だけに用意されたリムジンで一緒にビリヤードバーに連れて

▼ポップス琴で現地のギタリストとの共演。途中、着物姿で地唄舞いを披露すると大喝采で、日本文化の大切さに気付きました。

▲アメリカで撮影したPR用の写真。ポストカードにもなりました。

▲大雨となり残念でしたがサンフランシスコ桜まつりパレードにも参加しました。

▲大相撲サンノゼ巡業の前夜祭では、若貴兄弟とご一緒に。

行っていただきました。途中でホームレスの人にも優しく声を掛けている姿に安堵しました。

後日分かったのですが、その夜、私のホテルの部屋に二子山親方からシャンパンとお花が届いたそうです。でもその時に同行していた母が、英語が分からずボーイさんに「何も頼んでいないので」と受け取らなかったのです。ご厚意もお受けできず、お礼も申し上げられなかった失礼をお許しください。

■サンフランシスコ・ロスアンゼルス・ニューヨークでの貴重な体験

その頃には、いろいろな病院や学校へ行って琴のボランティア活動もしていました。その活動が地元新聞記事になり、そのお陰で空港で大きな琴を運んでいても、税関の職員さんから「ＫＩＹＯＫＯはＯＫ！」とフリーパスです。また、仕事移動もエコノミー席からビジネスクラスに替えていただいて随分優遇されました。

ニューヨーク行きの飛行機で親切にしていただいたＫＩＭＩＫＯさんは、ご主人が米国人の学校校長です。長いお付き合いの友人となりました。3人の息子さんは、卒業式に必ず大統領が参列するウェストポイント校を卒業されました。彼らが小学生の頃から毎年サンクスギビングになるとヤム（マッシュポテトにマッシュルームを乗せて焼いた料理）を作りに行ったり、庭のプールやテニスコートで遊んだりしました。ご自宅には琴も置いてあるので、いずれ彼らが結婚して、誕生したお孫さんたちに琴を教えてあげられるのを楽しみにしています。

そういえば、一度、交通事故を起こしてしまいました。ハーツレンタカーで借りたオープンカーが最初からブレーキが甘く、坂道での停車も不安だったので車の交換を頼んだのです。しかし、保険に入っているし点検では異常ないのでと断られました。

数日後、日本から呼んだ母を迎えに空港へ向かう途中、降り続く雨でカーブを回る時にブレーキが効かず、信号機に激突！です。車の真正面に信号機の柱が喰い込み、カタカタとエンジンが止まってしまいます。事故の状況を見ていた他のドライバーが警察に電話をして、スピードも出ていなかったと証言してくれます。車を交換して貰えなかった経緯などを警官に説明すると、パトカーに乗せられ空港へ向かいました。

パトカーの中では、金網で仕切られた後部座席に座り、前にはライフル銃があります。「まるで映画みたいだ！」と感じる経験でした。頑強な二人の警察官と空港のハーツレンタカーに行くと、態度が一変し、新車のボルボのキーを渡されました。結局、帰国まで同じ料金で安全なボルボに乗れることになったのです。

空港からの帰り道、母と現場を通ると車はすっかり片付けられ、仮設の信号機も設置され、数時間前の事故が嘘のようでした。私はかすり傷一つなく、本当にどこまでいっても強運な女です。後で日本に請求書が届いたのは、信号機修理代100ドルだけでした。

アメリカでの滞在は短い3年間でしたが、サンフランシスス・ロスアンゼルス・ニューヨークを行ったり来たりして、さまざまな体験をしました。そして、日本に帰って今までと違う日本の伝統文化を学びたいと強く思いました。それが次のチャレンジだと。

エピソード14

地唄舞の道へ

■上方舞の第一人者・山村楽正先生との出会い

帰国後、早速、叔母が習っていた山村楽秀先生に地唄舞を習うことにしました。お稽古の初日の帰り道、足がガクガクで坂道が下りられず、膝の使い方がまるでスキーのボーゲンを長時間続けた時のように感じました。「これはしんどい！」が地唄舞初体験の感想です。

地唄舞（上方舞・座敷舞）は、畳一畳の狭い空間で表情を抑えた動作をするという大変繊細で静粛な舞です。長年会得してきた箏曲三味線が伴奏曲であることも大きな利点でした。

しばらくして愛知厚生年金会館での舞の会で「茶音頭」を舞うことになります。楽秀先生の師匠で上方舞の第一人者・山村楽正先生にもお稽古を見ていただくと「大阪に来たらどうや？」となりました。そ

▼上方舞の第一人者・山村楽正先生の三味線演奏でお稽古ができたことは貴重な体験でした。

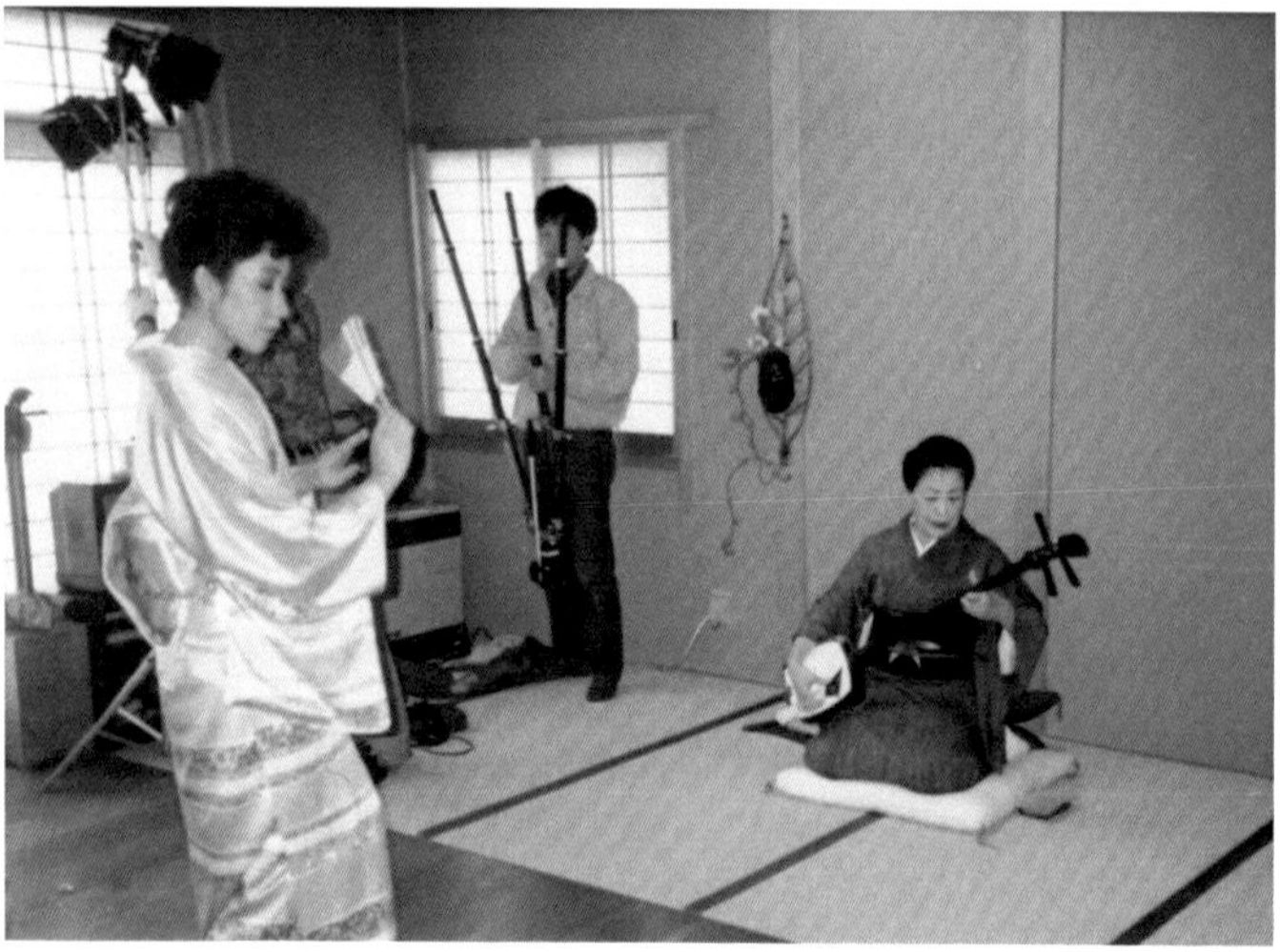

の後、私は楽正師匠の江坂のお稽古場へ通い、山村楽音という名取名も頂戴しました。試験曲を師匠の三味線演奏でお稽古できたことは、とても大切で貴重な宝です。

そして、ありがたいことに、桂文枝師匠から帰国しているのなら毎日放送の新番組「レインボー」のレギュラーに出演して欲しいと依頼があり、楽音（RAKUNE）として出演も決まりました。

また、楽秀先生の叔母様が宮城道雄先生の直弟子で、琴も今一度勉強をと考えていたので芦屋のご自宅に伺うことにしました。お人柄も素晴らしく、今までと違った波がうねる「春の海」を学ぶことができました。

ある日、山田先生が「明日も教えるから今夜は泊まりなさい」と言われ、喜んで夕飯をご馳走になっていると、尺八の先生がお二人お越しになりこれから麻雀をするので一緒に入るように言われます。そして、見たことも触ったこともない麻雀が始まりました。「頭に二つ並べて後は三つ並べればいい」と教わったのはたったそれだけですから、悲

▲地唄山村流「茶音頭」の初舞台衣装
（山村楽正先生と）

惨なことは言うまでもなく、「リャンシだからチョンボ！」は言葉の意味すら分かりませんでした。

帰る時には、楽譜ではなく麻雀の本を渡され、「次回までに覚えてくるように」と言われます。本を見ても良く分からず、しばらく麻雀教室に通いましたが、点数計算は厄介で結局はゲームで負けてなんぼだと理解できるまでには相当な時間とお金を要しました。でも、今では「勝ち負けより強い人と勝負するのが好き！」というほどの趣味の一つにもなりました。まさか琴のお稽古から麻雀を学ぶとは…。

楽正師匠はどこに行くのもお誘いくださり、有馬温泉の欽山（高級料亭旅館）にも連れて行ってくださいました。師匠といると舞以外にもたくさんのことが勉強になります。例えば、お酒を召し上がる時、あれほど美しくお猪口で飲まれる姿は見たことがありません。何もかも指先の仕草まで真似しようと思いました。

しかし、ある日、楽正師匠に呼ばれたので、お伺いすると玄関に他の方が出て来て「もう来なくてもいい！」と追い返されました。嫌がらせです。師匠に可愛がられることは他からのやっかみに繋がり、これ以上師匠にご迷惑は掛けられないと名取襲名披露もせずに大阪を離れることにしました。でも山村流で出会った先輩方とは今もお付き合いがあり、舞台がかかると時々お稽古していただき、本当にありがたく思っております。

エピソード15 球界番長との出会いとありがとう！

■いろいろなご縁がやって来る

再上京を決め、芸大講師の望月左武郎先生に鼓を教えていただくことになり、湯島のご自宅に伺いました。正面に正座し先生が見台を張扇で打つのに合わせ、タ・ポンの2種類の音を打ちます。右手が楽器の一部になりますが、幸い私の手は打ち手に向いているようで、基本を覚えればあとはリズム楽器なのでジャズなども演奏できる訳です。

名古屋で寿司店を経営していた頃は、老舗デパートの御曹司からご両親を紹介されます。気難しいと評判のお父様が、私を気に入ったのか、帰り際に私の羽織の襟も直してくださると皆さん驚いていました。また、大学で教鞭をとられていた歯医者さんは、私の誕生日に開業するので家庭に入って欲しいと言います。

今では日本屈指のレジャー産業の社長さんは、車好きの私の誕生日にジャガーに着物の反物をたくさん乗せて、車ごと置いていってくださいました（もちろん車はすぐに返品しました）。大阪で司会の頃も、ある上場企業の若社長の会社パンフレットに、お母様からのお手紙が添えられ、「是非息子のお嫁さんになってください」とのこと。今思えば身に余るお話ばかりでした。

■Ｋ選手との出会い

年に数回渡米していた頃のある日、久々にお会いした九州の友人姉妹と東京プリンスホテルで、新しい名刺を渡しながらお茶をして帰る時のことです。先に出て駐車場へ向かおうとした時、目の前に止まったベンツから降りて来たのは西武ライオンズのＫ選手でした。颯爽として日に焼けた顔から白い歯の覗く笑みが眩しく、駆けつけた子供たちにも優しくサインに応じています。「カッコいい！」と思いましたが、私はそのまま駐車場に歩き出しました。しばらくすると私の前にＫ選手のベンツが滑り込み、窓が開き「連絡先を教えてください」と言います。突然の言葉に驚いた私は立ち止まらずそのまま歩き始めました。

すると玄関先で騒いでいた先程の友人姉妹が「キャーッ」とベンツに駆け寄り、「これ彼女の名刺です」と渡してしまったのです。でも、もうすでにベンツは見当たりませんでした。それから留守番電話に「Ｋです。お電話ください」と自宅や滞在先の電話番号が入りました。でも私から連絡することは一切ありませんでした。

大親友であり、Ｋファンの女医さんは、その留守電を聞くと「お願いだから電話して一度だけ会おう！」と懇願してます。しかし、年が違い過ぎる私には拘わりのないことだと思いました。何しろ年下の男性とお付き合いしたことがないのですから…。

ひと月ほどして、プロ野球がシーズンオフになった夜の10時頃、インターホンが鳴ります。誰かと思うと「Ｋです」との声。下を見るとベンツが止まっています。名刺の住所を調べて訪ねて来たのです。インターホン越しに「会うとガッカリしますよ」と言うと「嫌なら玄関で追い返してください」と。下にいると目立つのでオートロックを解除してドアを開けると「やっぱり思った通りの人だった！」の第一声です。廊下を歩きながら部屋を全て覗き「どうしてスウィートルームみたいに綺麗なの？」と聞かれます。きっと部屋にお花、季節の置物を飾り、整理整頓するのが習慣だったからでしょう。

まず私が凄い年上であることを伝えます。「5？8？10？」「ううん12歳上」。すると「西城秀樹さんが十朱幸代さんと付き合っている時、凄く羨ましかった！」と言います。それから朝の5時まで私たちの笑いっぱなしの会話は止まることがありませんでした。

すると急に「7時からCM撮りがある」というので、とにかくベッドで1時間休ませて、朝食の準備をして起こすと「寝なかったの？」と無邪気です。それからは毎晩、帰って？来るのです。駐禁で婦人警官から「どうしてKさんがここに？」と言われて困り果て、彼専用の駐車場を借りることとなります。

初めてのクリスマス。プレゼント交換でフェラーリが好きだという彼に車はプレゼントできないので、フェラーリの数種類のライターを買いました。「どうしてこんなにたくさんなの？」と聞かれます。彼から時々いただく使ったバットやサイン入り手袋などを、知人に差し上げるととても喜ぶので「このライターも皆さんに差し上げてください。きっと喜んでいただけるから」と渡しました。私はゴールドとダイヤのシャネルピアスを買っていただき、今もたった一つの大切な宝物になっています。

マウイキャンプに出掛ける朝、「成田空港まで送って欲しい」と急に言われ、これが二人で外に出た最初の出来事です。空港が近づくとマスコミがいないかハラハラでした。少し離れた場所で車を降りて、結局、紫色のベンツは私が預かることになります。そして、その日の深夜に父が心臓発作で急死の連絡が入りました。彼のベンツで名古屋へ駆けつけ、父の死の悲しさも、彼の車のハンドルをしっかり握ることで安堵できたように思いました。

私たちの素敵な関係は3年ほど続きましたが、12歳年上の私はいつも彼を最高のプロ野球選手として見守ることに徹していたように思います。

「今から合コンに行ってくる」と言う彼に「あまり女性を泣かせては駄目よ」と送り出すこともありました。やきもちを焼くことも皆無でしたので、彼にとっては居心地が良かったのでしょう。でも不思議なことに、「彼の声が聴きたいな〜」と思うといつも電話が鳴りました。ある年の大晦日には、除夜の鐘の音が鳴りやむと「おめでとう！これから岸和田の仲間と初詣に行って来るわ」との笑い声が届き、いつも心が繋がっていたように感じました。そして、彼は手料理の後や電話を切る時に、必ず「ありがとう！」とさりげなく言うのです。男性からこれほど美しく「ありがとう！」と言われることは生涯ないでしょう。

■ 素敵な思い出と私の役目のおわり

ある夜、千葉の球場からナイター後に私の自宅に駆けつけて、「明日からアメリカでのコンサート、気をつけて行って来いよ！」と玄関でキスをして直ぐに千葉へ戻ります。「どうして私のスケジュールを覚えているの？」と思いながらも、門限前までの瞬間移動に嬉しくて感激しました。

お付き合いをしている間、私からは一度も電話をしたことはありませんでした。でも彼の携帯の留守番電話にホームランコール「○○号おめでとうございます。これからも頑張ってね」との応援メッセージだけは欠かしたことがありません。本当にそれだけでした。そう、彼が巨人へのFAを決意するまで私はこの関係にとても満足していたのです。

私はとにかくアンチ巨人。もとはと言えば、清原・桑田入団問題が原因です。あんな汚い巨人をやっつけるのは貴方しかいないのに。でも彼に「阪神へ行って欲しい」とは口が裂けても言い出せませんでした。子供の頃から憧れていた巨人軍に入ることが、彼の夢だと知っていたからです。

巨人に入団するまでに別れよう。12歳も年上の私のことがバレたら彼に傷がつく。頭の中はそれしかありませんでした。彼はどこが番長なのかと思うほど、純粋で几帳面で心の優しい人でした。食事の後片付けも隣で手伝ってくれ、ソファーでテレビを見る時も必ずどこかに触れている、とても優しい人でした。

そんなある日、「K清子？ 変な名前だなー」と言う彼の横で、どさくさに紛れて「別れましょう」と言うと「俺は死ぬぞ！」と言われ、涙が出そうなほど幸せでした。この人に会うために生まれて、これ以上に人を愛せないことも分かっていましたが、私は黙って引っ越し、携帯番号も変えて一切の連絡を絶ちました。

しばらくして私は阪神淡路大震災の時、現地で尽力した実業家と出会いました。長く大阪でテレビに出ていたせいか、やはり関西弁の人は居心地が良いのです。彼のスタッフさんは、私のテレビ局への琴運搬も手伝ってくれるいい方ばかりでした。ご家族にもお会いして「多分このまま結婚するのだろうなー」とぼんやりと感じていました。

その頃、世間ではK選手へのバッシングが酷くなっていました。打順も4番から5番、6番へと下位打線に落ちていきました。心配はもう限界でした。とにかく無性に声を掛けたくなり彼の携帯の留守番電話にメッセージを入れます。1分もせず彼からの電話で「とにかく会いたい」と言われ、私は自宅の広尾から、偶然5分ほどのマンションに転居していた彼の家に向かっていました。

彼は私の顔を見てもただぼんやりと遠くを眺めています。彼の背中を見るのも辛く感じました。玄関に長渕剛さんから届いた大きな花束があります。「お知り合いなの？」と尋ねると「いや、さっき届いた」と彼も驚いたようでした。きっとファンの皆さんは今の彼に手を差し伸べる気持ちでいっぱいなのだと思いながら、美しい花束を花瓶に挿しつつ感謝の気持ちで私は涙が溢れました。

彼の背中の後ろに座ると、巨人への入団以来の様々な出来事や、悩みを淡々と話し始めます。それを聞くだけで彼の気持ちが楽になればと願う想いでした。いろいろ聞いた後に「打順はいつ決まるの？」と尋ねると「球場へ行って長島監督に言われる」と言います。「じゃあ、4番以外だったら帰っちゃいなさいよ！」「あなたは日本一の4番打者なのよ。ふざけないで！」と、私にしては珍しく応援か、怒りかわからない言葉を口にすると彼がちょっと笑ったように見えました。

翌日は彼の誕生日でしたので、玄関にシャンパンを置いておきました。後日分かったことですが、その誕生日に奥様になられた方と出会われたのです。そして、その頃から彼は素晴らしい活躍を始めました。これで本当に私の役目も終わったのです。そして後にも先にも、これが彼と会った最後となりました。

エピソード16 最愛の娘の誕生

■愛おしい娘・絢音

42歳を過ぎたある日、体調に変化があり、住まいの広尾ガーデンヒルズ横の日赤医療センター産婦人科医で診ていただきました。女医のウスマン先生から「おめでとう、妊娠していますよ」と伺い、涙が溢れ喜びで声も出ませんでした。神様は本当にいらっしゃったのだ。

高齢出産の初産で分らないことばかりでしたが、お腹に語り掛ける日々が始まりました。

名前画数の本を2冊買い、いろいろ考えて絢音《あやね》と決めました。出産予定日は4月15日です。

出産日まで8キロ以上太ってはいけないとの指導で食生活は、ご飯をひじきに替え、貝の味噌汁、豆腐、納豆、お魚、レバーなどが主体となりました。目の綺麗な子ができると迷信でしょうが、鮑も良く食べました。甘い物は控え、果物もミカンなら1個ではなく2房までと言いつけを守りました。

母体になることを考え、私は若い頃から害のある物（タバコ・医療薬等）を口にしたことはありません。琴のお弟子さんもタバコを吸う人に教えなかったのは、健康な子供を産んで欲しいからです。不健全は好みませんでしたし、タクシーより電車や徒歩、ゴルフやスキーも続けてきたので体力には自信がありました。

赤ちゃんのために揃えたものは、クラシック音楽ＣＤ、肌着や布オムツ、女の子用のいろいろ。もちろん編み物や育児雑誌などで時を過ごす日々も増えました。

出産間近のある日、偶然広尾で明石家さんまさんに出会い、いい子が生まれるようにお腹を撫でていただきました。４月14日に入院をして、最初は普通分娩に臨んで陣痛促進剤をしていただきましたが余りの苦しみに耐えられず、結局予定通りの帝王切開手術になりました。「いい跡取りができましたよ」とウスマン先生が我が子を胸に抱かせてくださいました。「お乳を上げて」「えっ、わかりません」とちょっと困ると、「赤ちゃんが教えてくれるわよ」とのこと。本当にその通りでした。胸に抱くとゴクゴクとおっぱいを吸い始めたのです。何と愛おしいのでしょう。まるで分身です。私の全てでした。

さあその日から、毎日これほど幸せな日々があったでしょうか。母体を休めるために、赤ちゃんは育児室に預けます。でも私は直ぐに部屋に連れて来てしまい、お陰でリンパ腺が腫れ、おたふく風邪かも知れないと、週末でウスマン先生が不在のため隔離されてしまいます。泣きながら友人の医師きくの先生に電話して直ぐに来てもらいました。結局、おたふく風邪でないことが判明しましたが、とにかく術後なのでしっかり身体を休めるようにと叱られてしまいました。

絢音は全く泣かずお風呂でもスヤスヤ、育児室で他の子が泣いていてもスヤスヤ。お見舞いに来た家族もいつも静かに寝ている娘に驚いていました。退院の日、看護婦さんたちが「とても利発なお子さんですよ」と言って送ってくださいます。でも、まだ2週間の赤ちゃんのどこが利発なのか、その時は意味がわかりませんでした。

赤ちゃんはお乳が欲しい時やおしっこをする時、それを知らせたくて泣くのです。絢音はエーンエーンと2回だけで私は対処できました。だっていつも見ているからです。赤ちゃんは3時間置きにお乳を欲しがるので、それをきちんと飲ませます。また、ほんの少しのおしっこでも体を動かすので、マメにオムツを替えることで夜泣きは皆無でした。

授乳の時にはクラシック音楽を聞かせ、母子共にゆったりと過ごします。母子手帳に添って、検診日や予防接種などは先生や看護師さんが細かく育児の指導をしてもらえるので初心者でも何の不安もありませんでした。この母子手帳は、幼稚園や小学校での予防接種の種類や時期など記入することがありますので、大切に保管しています。

絢音はよだれを出さず、ハイハイも全くしないおとなしい赤ちゃんでした。ある日、ママ友のお宅で5人ほどの赤ちゃんを遊ばせている時、いたずらな男の子が、じっと座って

▼叔父・叔母からの豪華なお雛様のプレゼント

いる絢音にハイハイで近づきちょっかいをだします。そして、また1周回って来て叩くのです。何と3回目に絢音はその子の手が出る前に上手く避けて、バチンとやり返したのです。男の子のいたずらは終わり、その観察力ととっさの行動に驚きました。

最初の1歩も本当に驚きでした。ソファーにつかまり立ちしたかと思うといきなりタッタッタと走り出したのです。キャーッと言って抱きかかえましたが冷汗が出ました。それからは、歩くのが楽しくてベビーカーにも座らず押したがるのでちょっと困りました。

実はこの頃から名古屋の叔父と叔母は、絢音に会うために何度も上京していました。初節句にお雛様をプレゼントしたいと申し出があり、名古屋三越の展示会場に呼ばれます。私がマンションサイズの小さなものを見ていると、徳川美術館に置かれているようなベンツの新車が買えるほどの物を選んでいるのです。冗談かと思いましたが、後日、三越の外商が3人で来て手袋をはめて七段飾りを揃え、8畳間が完全に占領されたのには驚きました。でもその優雅な伝統美に感謝です。叔父・叔母は、現在も絢音を深い愛情で慈しみ、全力で支えてくれています。

■子育ての環境づくりと大型ホテル経営

私は子供ができたら、海や山の見える自然の中で育てたいと思っていました。そんな時、夫が茨城県大洗海岸の全室スウィートルーム、大理石のロビー、ヘリポート付きの経営が傾いていたホテルを見せたのです。一目で気に入り決めました。大きな建物ですので人員が必要です。夫の会社の社員にも常駐して貰い、それまでの職員も引き継ぐことにしました。

一番大事なのはレストランです。これまでは鉄板のテーブルではお肉を提供していたようでしたが、直ぐに海鮮焼きの旗を立てました。そして、絢音に会いたい叔父夫妻も名古屋のお店を貸店舗にして直ぐに引っ越して来てくれたの

▲経営するホテルのロビーで絢音と

です。私は仕事となると猪突猛進ですから叔父には社長になって貰い、私は専務となりました。

誰が経営しても赤字の巨大ホテルを黒字に転換するのは、私にとっては難しいことではありません。ぱっと全体を見渡せば、いろいろなアイデアがとめどなく浮かんでくるのです。スウィートルームの部屋料を下げ、美味しい物を安く提供し、前経営者が支払いを怠っていた業者さんにもその日から現金で支払い、まずはスタッフや業者さんを心配させないようにしたのです。

外観やホテル名も変え、のぼりを立て庶民的な料金を知らせます。そして、海沿いの絶景で新鮮な魚や蛤を提供することに徹しました。それからはご家族連れの予約が増え、ロビーでの私のクリスマスコンサートなどの催しも企画して、各国大使や友人たちも東京から押しかけてくれました。

夫は会社が東京なので週末帰って来るだけで、この事業には一切ノータッチです。若い頃の寿司店経営は、せいぜい一日数十万円程度の売上でしたが、こちらは毎月1千万円以上のお金が動きます。これが事業なのかと始めて知りました。

絢音も1歳を過ぎ、ホテルの事務所で学研の問題集などで自由に落書きや絵を書いていました。そろそろ塾を探そうと水戸の七田チャイルドアカデミーを見学すると、これをどうぞと小さな付録の図鑑をいただきました。その図鑑の蝶のページを見ると、数種類の蝶の名前が記されています。これを幼児に覚えさせるのかと驚き、感動しました。また、アカデミーの下駄箱が綺麗に整頓されていたのも気に入り入学することにしました。

絢音はまだ1歳半でしたが2歳コースを希望しました。始めは無理をされない方がと止められましたが、駄目なら1歳コースに戻せばいいと考えて試みます。授業は必ず親が後ろで見ていなければなりません。他の子どもたちは動き廻りじっとしていることができませんでしたが、絢音は先生のお話を真剣に聞いています。初日からの吸収力は群を抜いています。私にも宿題が出ました。ひらがな、カタカナ、アルファベットの絵付き辞典の作成です。要するに親は娘よりもっと勉強しなければならないということです。

幸い絢音は凄い能力で、私が紙に書いてトイレや台所に貼って覚えるより早いのです。小林一茶の俳句も100ほど直ぐに覚えます。また、体の赤血球などの本が大好きでした。枕元に置いて寝る宝物バッグは、ハサミ、ノリ、テープなど文房具ばかりです。市販の学研ドリルも1日に2〜3ページではなく、平気で1日1冊スラスラと仕上げてしまいます。教材が間に合わず、ご褒美の賞状が直ぐに溜るほどでした。

それに可愛くて、可愛くて、これほど愛おしいとは…。昔、子どもさんたちにお琴を教えていた時、どうしてもっと優しく、叱らずに誉めて育ててあげられなかったのかと初めて後悔しました。本当に皆さん、厳しすぎてごめんなさいね。

▼いろいろなことがあったホテル経営時代。ホテルロビーでの琴セッションコンサート

エピソード17

あの高橋グルが私のホテルで逮捕

■離婚といろいろなことに左右されるホテル経営

娘が2歳の時、週末だけに帰って来る夫のことを「あのパパいる?」と聞くと、娘は笑って「いらない!」と言ったと思います。その頃、東京で主人と一緒に暮らしていた女性からも頻繁に嫌がらせ電話もありました。ある日、東京の社長室へ離婚届けを持って行き、その場で主人にサインをさせました。私は何でも即決です。ですから慰謝料も養育費も貰いませんし、別に欲しいとも思いませんでした。

1999年9月30日、茨城健東海村JCO臨界事故が起こります。国内初の原子力事故です。その頃は年末年始の予約でホテルは満室だったのですが、事故と同時に全ての予約がキャンセルになりました。正直お手上げ状態でした。

1999年11月18日、テレビ報道で連日騒がれて

いた成田ミイラ遺棄事件の自己啓発ライフスペース・高橋グルが千葉県のホテルから水戸へ移動。朝から大変な騒動で、私のホテルの上空にもヘリコプターの音が鳴り響いています。多分行き場のないこの人たちは、私の所へ来るのだろうなと思っていた矢先、共同取材代表の新聞社から、知人のジャーナリスト大林氏の紹介で連絡が入ります。「今すぐ100名ほどが入る部屋で記者会見をさせて貰えませんか」という内容でした。

私は最上階の特別室なら100㎡のリビングがあるので可能だと判断し許可を出しました。まず高橋グルとメンバーの皆さんが乗った車が駐車場に入ってきます。続いて警察車両、マスコミ中継車、ロビーは人で溢れ、生中継の記者会見が始まったのです。その日から毎日、警察と心配されるメンバーのご家族との電話対応を丁寧にしました。原発事故で閑散としていたホテルがマスコミ関係者で連日満室になったのです。

特別室から階下のスウィートルームに移動したメンバーの皆さんは、10名ほどで生活を始めます。食事は、お昼には私たち家族用に名古屋のインド料理店からルーを直送していただいた各種カレー、夕食はお魚定食です。部屋は綺麗に片づけられ、お掃除も自分たちでされたので全く手がかかりませんでした。ですから、私は一人3000円の食事代しかとらず、部屋代は無料にしました。そのことは今でもメンバーの皆さんが感謝していたとお聞きします。

広いロビーや展望風呂のお掃除までメンバーの皆さんに手伝っていただき、頭の良い優秀な方たちの集団だと思いました。私も一度シャクティーパット（当時1回300万円）をお願いして、グルから頭バチンをいただきました。ちょっと痛かったですが無償でした。その間、皆さんがあまりにも良く手伝ってくださるので、私は娘と海外旅行なども楽しめました。
そして翌2000年2月22日朝、保護責任者遺棄致死容疑で高橋グルが逮捕されます。逮捕時の報道で、浴衣姿で深くお辞儀をされたのは、私への感謝のお礼だったと関係者のみぞ知る事実なのです。

エピソード18 徳田虎雄先生から参議院議員選挙出馬要請

■ホテルを辞めて上京、徳田虎雄先生との出会い

叔母が名古屋の自宅掃除に戻った時、貸している階下の店舗にネズミが増えて、2階の茶室の欄間をかじられていました。そのことがショックで叔母は、名古屋に帰りたそうにしています。それに私も娘を東京の有名付属幼稚園に入れたいと考えていたので、ホテルを辞めて上京することに決めました。

そして、ホテルの常連様のヘリコプター会社の東京社長に就任し、ホテルオークラ横のマンションを住まいに決めます。東京での私と娘2人だけの生活が始まりました。

ところが、広いホテルで家族と暮らしていた娘には、東京の狭い部屋での生活は窮屈だったのです。仕事に出る私がベビーシッターさんに預けるのも嫌だったのか、病気知らずの娘が熱を出すようになります。心配して、名古屋に連れて帰ると急に元気に走り回るのです。仕方な

くしばらく実家に預け、仕事を終えた週末に名古屋へ帰るという生活が続きました。でも、もう娘に会いたくて居ても立ってもおられず、寂しくてこちらが病気になりそうでした。

そんな時、参議院選挙に日本全区から出馬を予定されていた日本医療界の革命児、「生命だけは平等だ」「24時間365日オープンの病院」で有名な医療法人徳洲会の理事長で新党自由連合代表・徳田虎雄先生とお会いすることになります。

以前テレビ愛知「岐阜発夢情報」の番組で、司会をご一緒した野球解説者・江藤慎一さんのご紹介でした。本部に伺うと徳田先生は徳洲会病院の方針や経営などについて話されていて、選挙の話は一切出ませんでした。ところが帰ろうとすると「美人は駄目だが、君はご婦人方に好感が持たれそうだ。今直ぐに赤坂プリンスホテルの写真館へ行ってポスターの写真を撮って来なさい！」と言います。いきなりでしたのでとても驚きました。

「でも私は琴演奏家です。政治の勉強が何もできていませんが…」と言うと、「どの世界でも第一線で活躍するには人の何倍も努力が必要だ。それを国民のために活かせ！」とおっしゃいます。それが初対面の会話です。娘に会いたいとの一心もあった私は、東京を引き上げて直ぐに名古屋へ戻りました。ちょうど貸店舗にする予定の1階が空いていたので、そこが選挙事務所に早変わりです。

■楽しかった名古屋での参議院議員選挙

2001年夏、生まれて初めての選挙運動が始まります。選対メンバーが続々と名古屋入

▼街宣車・応援弁士は月亭可朝さんです。

▼演説会場に徳田虎雄先生が応援に駆けつけてくださいました（名古屋国際ホテル）。

▲大相撲名古屋場所のパーティで参議院選挙出馬のご挨拶をさせていただきました。

▲旭鷲山関が選挙事務所へ表敬訪問をしてくださいました。

りします。徳洲会病院のスタッフさんや徳田先生の生え抜き選挙スタッフの皆さんが、大阪や故郷・徳之島からも集結されました。それに私が演説をする日は、必ず徳田先生ご自身が名古屋に入るという徳田先生きもいりの出馬となったのです。

正直あんなに楽しかった思い出はありませんでした。街宣車で愛知県の隅々まで駆け回り、テレビでの政治演説が終わると各地から「ポスターを張りますから送ってください」など、応援の申し出もありました。オレンジ色の服を着ると、ここは皆ドラゴンズファンだからと注意していただき、中日カラーのブルーにして選挙運動を始めました。

栄町三越近くに自民党立候補者の応援で、当時人気絶頂の小泉首相が来て演説している傍で、私もマイクを持って演説を始めます。すると昔大阪で「わいわいサタデー」の司会の頃からの私のファンである奈良県の坂田さんがいるではありませんか。わざわざ選挙応援に駆けつけてくださったのです。嬉しさと本当に長い間ファンでいてくださることに心から感謝でした。

3歳になった娘はおばあちゃんと一緒に私の演説会場に顔を見せます。娘の顔を見るだけで癒されファイトが湧きました。何と娘は、地下鉄の全車両を「長田清子を宜しくお願いします」と言って歩いていたそうです。選挙事務所に来る様々な来客者には、飴を差し上げるという影の功労者でもありました。街宣車が出る時や戻る時も、私に駆け寄り飛びついて元気をいっぱいもらいました。

しかし、良く考えたら大阪でしか知名度がなく、学歴も地盤も票もない私の結果は落選が当然でした。ですが徳田先生は「長田、これは練習で次の衆議院選で当選しろ！」とおっしゃったのです。それどころか、徳田先生の選挙の折には必ず応援演説に呼ばれました。

激戦区鹿児島で、松居一代さんや浅香光代さんもお越しでしたが、先生の指名で私が大トリです。ご来場者も「あの人は誰？」です。でも、先生の素晴らしさを知り尽くしている私の演説は大好評でした。

しかし、次の衆議院選挙の前に先生は東名高速で大事故に遭われます。完治しないまま仕事に復帰してご無理をされ、2002年からALS（筋萎縮性側索硬化症）という10万人に一人の難病を発症されたのです。私は一度だけ病院にお見舞いに伺いました。その日はラーニア妃来日でヨルダン大使館で琴演奏があり、ちょうど鼓を持っていたので病室で演奏させていただきました。文字盤を目で追いながら話してくださった言葉は、「ヨルダンに透析機を1台送ってあげよう」でした。ご自身の病が大変なのに、私が仕事をしたヨルダンのことを思ってくださったのです。

私が徳田先生にお会いしたのはそれが最後でした。でも今でも当時のスタッフの皆さんとお会いしたり、徳田先生の故郷・徳之島に2018年に完成された「徳田虎雄顕彰記念館」へも足を運びます。徳田秀子夫人が経営される養護施設への訪問などもさせていただいております。気骨のある本物の政治家になって、徳田先生が播いた一粒の種として、大きく花開くというご恩返しができなかったことだけが残念で悔やまれます。徳田先生のように志を高く持った政治家が、国民のために心血を注ぐ日が訪れるのでしょうか。

エピソード19 高円宮殿下が不思議がられて

■私の琴演奏に感激された高円宮殿下

参議院選挙時、徳田先生のご紹介で名古屋場所中の大相撲・旭鷲山関（モンゴル出身）と懇意になりました。その縁で、サウジアラビア大使館へのお誘をいただきました。

その日は、どなたかが琴を演奏するようでした。見ていると調弦（ピッチ）もままならない方でしたが、演奏を終えると盛大な拍手を受けていました。「これがお琴じゃないのに…」と思い、帰り際、大使に「私は演奏家なので次回は私に演奏を…」とお願いしました。

そして、しばらくして大使館から演奏依頼の連絡が入りました。ちょうどその時はスペイン料理店での食事中で、店内では女性がパーカッションで見事な演奏をしています。その方とは初対面でしたが、直感的に「サウジアラビア大使館へ行きセッションをして欲しい」とお願いをしたのです。快諾をいただき、簡単な打ち合わせをしました。少し音を聞けば、彼女が出来ることは分かります。プロ同士の話は早いです。

そして、当日、私達は初セッションでしたがラテンナンバーを演奏し、大使の方々を驚愕させたのです。大使は長年日本滞在で、「皇居などでも時々琴を聴いたが、こんなのは生まれて初めてだ！」と感激してくださり、その後も時々演奏依頼が来るようになります。「今、サウジで一番流行しているCDを貸してください」とお願いし、次の大使館ライブでは、い

▲高円宮憲仁親王とサウジアラビア大使とご一緒に（サウジアラビア大使館にて）

ただいた音源に琴をアレンジして即興演奏すると皆さん大喜びでした。

そして、次の会は鼓を持参し、テイクファイブなどのジャズ演奏。次は獅子や括弧を持って「越後獅子」を舞うなど同じことは絶対にしませんでした。これには毎回お越しの高円宮殿下も驚かれ、「どうしていつも違うことをなさるのですか？」と尋ねられます。そして「殿下、楽しいですか？」とお伺いすると「いつも素晴らしいです」とお褒めいただきました。私は「皆様が喜んでくださることが大好きだからです」と申し上げました。

一度絢音が幼稚園年長の時、着物を着せて大使館へ連れて行きました。すると私がお琴の演奏を始めると、扇子を持って大使の皆様の前に進み、きちんとお辞儀をして琴を伴奏に踊り出したのです。えっ！どうして？　私は娘に踊りを教えたことは一度もありません。多分娘は私が毎晩お稽古をしている姿を見ていて、それを真似たのでしょう。これには同席の家族や友人達も驚き、私の琴さえ霞んでしまう興奮の一夜となりました。子供はいつも親の背中を見ています。親も何か一生懸命に出来ることがあると良いですね。

■尊敬するダイアナ妃との出会い

皇族の方には、昭和天皇の時代、日米豪3か国のレセプションで皇太子殿下・美智子妃殿下とご一緒のディナーにご招待されました。私は殿下の前方の席でしたので、食事中には何度も目が合いました。お部屋を変えての歓談で、殿下がお一人ずつ話され、間もなく私の番という時に、美智子妃殿下が歩み寄り「殿下こちらへ」と腕を組まれUターンさせてしまわれたのです。これには私との2ショットを狙っていたカメラマンさんも私もびっくりでした（笑）。

お弟子さんの中に、宮家の侍女をしていた女性がいて、「今日ダイアナ妃が来られ、お紅茶をお出ししたら、手を握ってありがとうと言ってくださいました！」と言います。宮家では常に皇族方の足元しか見てはいけないそうで、彼女も突然の出来事に感激しています。私は思わず彼女の手をしばらく握ってしまいました。

そして、その数日後、偶然にもダイアナ妃と遭遇します。日比谷通りを運転中に車を停めると、帰国の途につかれるダイアナ妃の車列が近づいて来たのです。離婚前の妃殿下は、寂しそうな瞳で窓の外をご覧でした。私との距離は車一台分ほどです。今もあの美しく憂いたお顔が忘れられません。

その日から赤白ドット柄のスーツも良く着ましたし、チャールズ皇太子とご夫妻で散策された京都「詩仙堂」へも足を運びました。例え、すれ違えただけでも、ダイアナ妃と目と目が合ったことは、私にとっては大切な一生の想い出です。

エピソード20 子育てと教育への関わり

■幼児期の子育て奮戦記

私が若いお母様方にお伝えできることは、誕生〜大学入試までの道のりですが、子供の教育は6歳までに決まります。能の吸収力と習慣づけへの大切なファースト段階です。

しかし良く考えてください。息子をプロ野球選手にしたい父親がどんなに一生懸命頑張っても、イチロー選手や大谷選手の様にはなれないのです。勉強も同じで、集中力や探求心、忍耐力など様々な要素が必要なのです。まずそれらのことを6歳までに刷り込む必要があります。

赤ちゃんをあやす時、私はいつも唄を歌って聞かせました。

♪「絢音ちゃんは可愛いなー　かわいい　かわいい　絢音ちゃん　ランランラン」

この曲は、賢い・優しい…など延々に続くのですが、ある日音程を崩したらケラケラと笑い出したのです。良し！　音程が分かる。何もかもこんな感じで小さな能力を発見して褒めるのです。初めて何かを書いたときも、「凄～い！上手ね」「素敵！」と褒めましょう。簡単なことですが、これが大切なのです。

お皿へのお箸豆移動や、ぬり絵、ボール転がし、絵本読みなど何でも一緒に遊びます。「これをやりなさい！」は絶対駄目です。ドリルの採点も目一杯褒めて、◎や❀などを豪華に記します。歩き始める前からが学研ドリルのスタートの目安です。毎日、必ず一緒に座り書かせて褒めました。

そして大事なのがお出かけバッグ。ノート・色鉛筆・ぬり絵本など一式持つと、レストランなどでもお絵描きができて退屈させずとても便利です。お店のコースターや紙のテーブルクロスもお絵描きになります。

私は積木・かるた・トランプ・パズルなど知恵を使う以外のおもちゃを買い与えたことがありません。トイザラスやデパートのおもちゃ売り場で散々遊ばせると、きっとまた来たいのか何も要らないと言うのです。でも本屋さんに行くとあれもこれも欲しがるので、友人たちからの出産祝いは図書カードをお願いしました。

ヤマハのリトミック教室や英会話、七田チャイルドアカデミーへも1歳半くらいからスタートしました。どの教室でもきちんと座って先生のお話を聞き、理解し、実行する。これ

▼最愛の娘・絢音（1歳）とロサンゼルス・
ビバリーウィルシャーホテルにて

が基本中の基本です。大抵のお子さんは勝手に動き回って先生の話を聞こうとしません。ここが賢く育てられるかどうかの分岐点です。少し根気が要りますが、親が傍で一緒に学ぶ姿勢が大切です。

娘は初めての歯科検診で私と先生が「コーラをよく飲みます」「それは虫歯になりますから麦茶や水がいいですよ」と話しているのを聞いていて、その日から大好きだったコーラを飲むことはありませんでした。大人の話もしっかりと聞き自分なりに判断したのです。

いつも乗り物に乗る時におっぱいを欲しがりました。車が動くと直ぐ寝るのでその前の甘え癖です。でも翌日新幹線移動があり、2歳近くでそろそろお乳をやめさせる時期でしたので、母に教わった両乳首に辛子を塗って驚かせました。翌日座席に座ってしばらくたってもお乳を求めないので「どうして?」と聞くと、「おっぱいが〜♪からいから〜やめました〜♪」と2度も大声で歌ったのです。車内のお客様はクスクスと笑っていましたが、娘の初作曲と聞き分けの良さに嬉し涙が溢れ感激しました。

幼稚園は家族のいる名古屋に決め、近所にある椙山大学付属幼稚園と友人の教育ママが薦める愛知教育大

▼経営しているホテルの事務所で自習する絢音（2歳）

▼七田チャイルドアカデミーへ通う絢音（1歳半）

学付属幼稚園を受験しました。最初の椙山のお受験では、面接が済んで部屋を出る時、「先生、試験はいつするのですか？」と絢音が尋ねました。余りにも問題が簡単で試験という感じがしなかったのでしょう。

愛教大の面接は机の上に、松ぼっくりとどんぐりが置いてあり「これはなんですか？」と尋ねられます。すると娘は、「大きなどんぐり。小さな松ぼっくり」と逆さまに指差したのです。また聞かれると、また逆さまに答えたのです。優しい校長先生は分かって答えている娘の手を引き、窓際にうながします。私は説明会で余り好感の持てなかった女性副校長と引き続き面談です。

帰りのバスで「何であんな風に答えたの？」と聞くと「お母さん、私はこの前の椙山幼稚園に行きます！」と答えたのです。そうか、この子は自分で幼稚園を決めるんだ。それに私も不安視していた女性副校長を短時間で嫌と見抜いたのでしょう。娘の凄い考察力と直感に驚きです。

椙山幼稚園へは毎朝叔父が送り、私がお迎えをする通園が始まります。しばらくすると担任の先生から「お母さん、勉強は止めて遊ばせてくださいませんか？」と言われ、もちろん私は先生のおっしゃる通りにしました。

スカートをはかせたくても、鉄棒や二輪車ができないから嫌だといつもズボンです。砂団子は他の幼児みんなから頼まれツルツルに仕上げていました。鉄棒も他の幼児が20回なら30回、30回なら50回と、夕方暗くなるまで公園で練習するのです。本当に元気で負けず嫌いなお転婆娘でした。

でも一度高熱が出て頭が痛いというので徳洲会病院の小児科に緊急入院すると、何と耳垢が詰まっていたのです。お風呂上がりのコットン棒だけでは駄目なのです。それからは、定期的に耳鼻科で耳のお掃除をしていただきました。皆さんもご注意くださいね。

年中さんの時、椙山小学校の授業を見せていただく機会があり、何を思ったのか娘が急に「勉強したい！」と言い出したのです。そこで私は名古屋市内の七田教室や公文教室を見学に行きました。雰囲気や教師との面談で素晴らしい環境を見つけることも親の重要な役割です。その中で、玄関の靴が綺麗に揃えられ、子供に対して優しい目で接していた女性教師のいる公文教室に入塾させせました。

1年間勉強から離れていたせいか、もう鉛筆が止まらず、いつの間にか3学年先の問題まで進み、表彰やトロフィーをいただくようになっていました。要は本人がそれを望んで学び、そのために親は良く見極めフォローすることが大切なのです。

■小学校は名門・市立名城小学校へ

小学校入学は、友人の教育ママから「将来の進路を考えて決めた方がいい」とアドバイスされます。椙山は付属なのでそのまま進学もできましたが、娘の才能を伸ばすには優秀な生徒たちが通う名古屋市立名城小学校が良いと薦められます。その友人に越境入学のお手伝いもしていただいて、公立の名門校へ入学しました。

初夏のある日、お風呂上りに娘の手足が蚊に刺されていることに気付きます。薬を塗りながら刺された箇所を数えるとなんと40箇所。これは何か問題があると思い、ＰＴＡコーラスの練習の前に学校のトイレをチェックしました。すると案の定、体育館下の来客用トイレの洋式便所の蓋を開けると真っ黒な蚊の大群が飛び出して来たのです。これだ！掃除が行き届かずトイレに蚊が発生していたのでした。

私は翌日、ゴム手袋・歯ブラシ・洗剤・殺虫剤などを持って学校のトイレ掃除に行きました。来客用トイレが終わって、娘の1年生用トイレなどの掃除で3時間ほどかかったのでしょうか、放課後になり当番の5年生がトイレ掃除に来ます。和式トイレ便器にこびりついた便などを爪でこすっていると「キャー汚い！」と女子児童が声をあげて後退りします。ですがある男子児童が「あなたは何年何組の誰のお母さんですか?」と聞くのです。「1年生の女子の母よ。いつもお掃除ありがとう。今日は私がやるからいいわよ」と言うと、「僕たちにも手伝わせてください」と言うのです。嬉しくなった私は、普段掃除をしないモップなどの

▼絢音は名門・私立名城小学校へ入学

道具入れ場や、汚れた四隅なども子供たちと一緒に楽しく掃除したのです。

後日、教頭先生に、蚊を退治して子供たちにトイレを我慢せず普通に使用させたいと相談します。すると1年生からアンケートを取ってくださり、暗い和式便器を使ったことがない、どっち向きに座るのか知らない、など意見が出ました。そして先生方は照明器具の角度を変えて内部を明るくしたり、私の案で前後が分かるように足置きシールを貼ってくださったのです。

夏休み中に消毒剤を撒くことも徹底しました。教頭先生のお話ではその後も、あの男子生徒はトイレ洗剤を借りに来たそうです。その子は生徒会副会長で学業も大変優秀だったそうです。やはり違いますね。その後は、もちろん蚊は撃退され娘の足は綺麗になりました。

さぁ問題はここからです。PTA総会で「これからは父兄会などで親が生徒と一緒にトイレ掃除をしませんか」と提案します。するとPTA会長が「私たちはそんな服装で学校に来ていません。トイレ掃除は先生が教えればいいのです」と怒鳴ります。「貴方は学校で先生から勉強を教わりたいのか、トイレ掃除を習いたいのかどちらですか？」と尋ねてもまともな返答はありません。ついでに「ＰＴＡ役員は卒業時に大層立派な感謝状と記念品がいただけるようですが、それを辞めて鳥小屋の飼育係や花壇の手入れをする生徒たちに努力賞を送った方が良いと思います」と言うと、さっさと議事を替えてしまうという厄介な集団なのでした。

帰り際、校長先生が私を呼び止めて「長田さんのおっしゃったことを全校生徒に聞かせたい」と言いましたが、「それならＰＴＡ役員の前で言えば？」と思いました。校長先生は穏便派でいらしたのです。

娘が4年生になると、「お母さん、私は中学受験してはいけないの？」と聞きます。あっそうか、そろそろそんな時期なのか。「受験はいいけど」「じゃあ塾に行かせて！」となり、今度は塾探しです。これは塾に行かせているママ友に聞くしかありません。

何人かに聞くと一番良いのは大須スケートリンク前にある桜アカデミー。でも塾内の試験が難しく大変なので皆避けるとの話でした。娘は塾に行きたい一心でしたので、早速桜アカデミーへ入塾させました。

そして、娘は入塾して第1回目の試験でトップを取った

▲小学３年生の時には難関の少年少女合唱団へも入団（後列左）

のです。それには塾の先生方も驚かれましたが、何より長年通う他の塾生のお尻に火をつけたようです。皆、猛勉強をしてそれぞれの希望校を目指して切磋琢磨し始めます。そして見事に中学受験を突破しました。今でも娘は、その頃の友人たちとは帰省の度に会い、真の友人として繋がっているのが羨ましいかぎりです。

■勉強好きの利発な娘、でも私の夢は…

私は決して教育ママではありません。「家で勉強しなさい！」と言ったこともありません。でも、娘を名古屋少年少女合唱団に何十倍もの難関を突破して入団させ、ピアノ練習でピティナコンクールを狙い、「音楽は体の一部だ」と思いながら育てていたのです。ところが娘にとっては合唱練習や整列・移動などの時間が無駄で、その時間に勉強したいからと、さっさとクリスマスコンサート後に合唱団を辞めてしまいます。

体を鍛えるために薦めた剣道も、真冬の体育館で足が冷たいから、春になってから通うからという具合です。そして自分で先生に話すと言うので一人で行かせると、何と先生には「土曜日はお母さんと遊ぶ日なのでもう来ません」と言ったらしいのです。

友人の元オリンピック選手の渡辺絵美さんにフィギアスケートの手ほどきをしていただき、私が音楽を作曲・演奏してオリンピックへと考えていた私の夢は砕かれます。開脚も難なくこなす柔軟な身体で運動神経も抜群、初めてのスキーも吹雪の中で私の後をついて滑って来たぐらいです。体験ゴルフ教室では「こんなことはお母さんが教えればいい！」とあっけなく拒否します。「月謝が無駄」とまで言われました。

書道や絵画はいつも表彰され公共施設にも貼り出されますが、母の知人の絵画教室も他の生徒さんたちのお手本になるが嫌で直ぐに辞めてしまいました。

とにかく娘にとって勉強が楽しいのです。私には正直訳が分かりませんでした。行動派の私とは全く正反対の落ち着きある思考派の娘は、本当に手のかからないお利口さんです。でも音楽家かスポーツ選手と考えていた私の夢は、ことごとく打ちのめされていったのです。

エピソード21 名古屋から岡山の中高一貫校を受験

■熱血漢・山本校長先生との出会い

娘の中学受験を控え、受験校は名古屋で有名な南山女子と滝学園に絞り込みました。そんな折、桜アカデミーの塾長から将来医学部希望なら女子寮もある岡山白陵高校へ見学にいきませんか？と言われます。とにかく行ってみようと学校説明会に伺いました。すると、そこの生徒たちはすれ違う時、大きな声で姿勢正しく「おはようございます！」「こんにちは！」と挨拶します。そう全員です。「ここは軍隊か？」と思いました。

廊下に貼り出された合格者名も東大・京大・岡山医大など凄い数です。そして圧巻は山本校長先生のご挨拶です。自信と誇りと男気が漲っていました。「掃除と挨拶ができれば勉強はできる。６年間、僕に預けてください。必ず希望校に入学させます」と。もうその力強さに鳥肌でした。

そして、娘が私の服の袖を引っ張って「お母さん、あの校長先生好きでしょ」と聞かれた時は、もう何度も頷きました。するとその場で「受験してもいいよ！」と言います。その頃の白陵高校の周辺は、稲穂が頭を垂れ、柿が実り、空気爽やか、吉井川の清水が流れ、鳥が囀り、熊山の峰々に抱かれた丘の上に建つ校舎、何もかも素晴らしい環境でした。

白陵高校の合格発表後、入学前の説明会がありました。もちろん前日から車で岡山に入り学校へ向かいました。」でもその途中、食べ物にあたったのか腹痛に見舞われ、高速パーキングのトイレやコンビニのトイレに何度も駆け込む始末です。案の定、10分ほど遅れて学校に着き、娘は体育館へ、私はまたトイレに駆け込みました。更に10分ほど遅れて体育館に入ると娘が「お母さん、良かったね。今まで校長先生が遅れて来た親に大説教していたのよ」と気まずそうに伝えるのです。

私は猛反省して、翌日、山本校長先生にお手紙を書きました。「一番遅れてしまった私がお叱りを受けず本当に申し訳ございませんでした。規律正しい学校でこのようなことが二度とないように注意致します」という内容です。初めて学校に足を踏み入れた時の感動も素直にしたためました。数年後、教頭先生からお聞きしたのですが、校長先生は「入学生の親の中にはこんなに立派な母親がいる」と職員室で私からの手紙を読み上げたそうです。

しかし、山本校長先生を自慢したくて家族を入学式に呼んだのですが、何と新校長に代わっていたのです。他のご父兄も皆ご不満そうでした。ですが、その後1年もせず山本校長がご逝去されたと知り、無念でした。山本校長先生にお会いしていなければ白陵高校に決めることもなく、今もご縁と勇気をいただいたことに心から感謝致しております。

■娘の生活環境を考えて岡山に引越し

▼岡山白陵高校音楽部に所属。体育祭では指揮、楽器はフルート

コップや箸にも名前を入れ、可愛い寝具やぬいぐるみで女子寮生活を始めた娘でした。毎月の保護者会で会えるのが楽しみで、二人部屋の掃除はもちろんのこと、共同で使うランドリーなどは半日を掛け、歯ブラシで洗濯機や乾燥機の隅々まで掃除をして、名古屋へ帰るのです。

1学期が終わり、小学校でオール5だった娘の成績はクラスで中位まで落ちます。やはり「皆さん優秀なのだなー」とぐらいに思っていました。そ

して、2学期が始まる前、中国公演から戻ると娘が名古屋の部屋で寝ているではありませんか。「どうしたの？」と聞くと寮で倒れて病院に運ばれ、叔母たちが迎えに行ったとのこと。名古屋の病院で検査していただくと、環境の変化で胃腸炎になり衰弱していたのです。

寮での生活は、帰寮後すぐ入浴、男子寮から運ばれる冷めた夕食を食べ、7時～11時まで自室ではなく勉強室で学習。点呼は名前でなく番号。夏休みも前後10日間学校で授業。テレビも携帯電話も禁止。何もかもがんじがらめで、自由奔放に育った娘には耐えられる限度を超えていたようです。

でも「学校を変わりたい？」と聞くと「学校は好きなので新幹線通学をしたい」との答えです。お医者様も「しばらく環境を変えた方が良い」と言われます。私は直ぐに、岡山で娘と同居しようと決断します。新幹線に飛び乗り、不動産会社に連絡して学校近くのマンションを見学し、メゾネットタイプの新築を契約して二日後には引っ越しをしました。

そして、食事に細心の注意をして新生活を始めると、娘は1か月ほどで薬の服用を止められるまでに回復しました。するとどうでしょう。成績も上がって来たのです。何はともあれ一安心しました。

■頑張った娘に感謝、慶應大学法学部へ

高校生になると娘の成績は更にアップします。東大入試も視野に入ってきました。今思えば、1歳半から通った七田チャイルドアカデミーを辞める時、先生から「お母さん、この子

から絶対勉強を取り上げないでください。必ず東大に入れますから」と言われ、4年生まで通った公文の先生からも「必ず東大を目指してください」と言われたことを思い出します。

とても優秀な娘でしたが、学校からの呼び出しも何度かありました。遠足のバスの中に忘れた袋から校則で禁止されてる携帯電話が発見されます。運動会でも携帯電話で写真撮影をして現行犯補導です。3度目は鞄からマスカラやカラーコンタクトなど化粧品が見つかっての呼び出しです。私は3回目には退学届けを持って行き「これ以上規則を守れないなら学校にご迷惑が掛かるので退学させます！」と机の上に置くと「いえお母さん、そこまでのことではありませんので…」と学年主任の先生が素早く内ポケットに収めてしまわれました。

「ならばスケ番を教えてください。その子に面倒見て貰います」と言うと「お母さん、うちの学校にはそのような生徒はおりませんが…」「では誰が先生方より厳しく面倒を見るのですか？」と尋ねると「お母さん、まさか…」には、笑うしかありませんでした。娘もさすがに突然の退学届け提出には驚いていたようです。

ちょうどその頃が唯一の反抗期でもありました。そして取り上げたBBクリームを使ってみると、これが安くて付きも良くブランド志向の私でも中々優れものに感じました。「これいいから使うね。どこで買ったの？」などと聞き、一緒に買い物などしているうちに自然と反抗期も消え、大学受験に向け更に勉強に打ち込むようになりました。

学校から勧められて、東京大学と慶應大学を見学に行き、現役の先輩方のお話を伺うなど良い機会を与えていただきました。そして、結局娘が選んだのは慶応義塾大学でした。

▼勉強好きで頑張り屋の絢音が選んだ大学は慶應義塾大学（写真は卒業式でのスナップ）

「東大なら赤いベンツを買ってあげるよ」「それお母さんが乗りたいだけでしょ」娘の強い意志に押し切られ、東大受験は断念しました。成績優秀で早々に慶応義塾大学法学部に推薦していただき、皆さんが受験勉強の最中、オーストラリアへホームステイと短期留学に行かせることもでき、娘の英語力が更に向上しました。

高校では、自宅で勉強する姿は試験前しか見たことはありませんでしたが、その時だけは机に「クラスで1番」と貼ってありました。それにノートとシャープペン芯をよく買わされました。授業中に絵でも描いているのかと思いましたが、かなりの量を学校で勉強していたようです。宿題は放課後に済ませ、自宅に教科書すら持って帰らず、帰宅するとすぐ寝てしまいます。夕飯と入浴時に起こすのが一苦労でしたが、成績のことで私が悩むことは全くありませんでした。

音楽家の私を嫌がっていましたが、6年間音楽部に席を置きフルート奏者として、また部長として全体をまとめました。体育祭などで指揮をする姿は、高校時代の私とそっくりで、とても嬉しくなりました。本当に良く頑張りました。娘には感謝です。たくさんの想い出をありがとう。

■PTA役員となった経緯

高校でもPTA役員になりましたが、これにはちょっと因縁があるのです。年に1度、岡山市内のホテルで「教師と保護者の会」があり、円形テーブルに各クラス別で立食パーティー後に先生方と懇談をするのです。その際、前列中央の理事長・校長・教頭・学年主任の先生方のテーブルに、一際華やかな女性がいて目を引いていたようです。

私はこんな時こそ中々輪に入れないお母様方にお声を掛け、皆で楽しくと気に掛けていました。ですので、その女性に気付きませんでしたが、数人のお母さんが「あの人高校生の親なのにあのテーブルでいいの？」「自分の席に戻ればいいのに、どういうつもりかしら」などと報告に来るのです。あまりにも周りが騒ぐので教頭先生に、「あの方に他の父兄から苦言が出ているのですが」とお伝えすると「PTA副会長で、誰の言うことも聞かないので長田さんが注意してください」とのことでびっくりです。

お母さん方には、別に気にせず楽しみましょうと促します。でも、ふと見るとその副会長の女性が理事長の車椅子に片肘ついて飲みだしたではありませんか。その敬意を払わない姿を見て、私は一直線にテーブルに向かって歩いていました。そして、その手を払いのけ、小声で「皆さんが見ておられるのでご自分のお席にお戻りください」と告げます。周りは凍りついていたかも知れませんが、それだけ言うと席に戻りました。

そして宴が終わりに近付くと、周囲がざわつき始めます。「副会長が長田さんの方に向かって来ている」と耳に入ります。「嫌だなー、こんな所で口論になるのは…」と思った瞬間、「貴方のことが気に入ったわ。お友達になりましょう！」と握手を求められたのです。驚きましたが、私たちは直ぐに意気投合してロビーでお茶をご一緒します。３人のご子息を岡山白陵校に通わせた病院長夫人であることが分かり、「いつも皆さんが私の悪口を陰で言っているのは分かっているけど、貴方のように面と向かっては初めてなの」と喜んでいます。そして「貴方をＰＴＡ役員に推薦するから時々お会いましょうね」となり、現校長先生になられた当時の教頭先生からのご要望もあり、卒業までＰＴＡ役員を務めたのでした。

エピソード22 初めてのキャディーさん

■ゴルフ上達のためキャディーを経験

娘のために岡山での生活が始まると、いつも娘と一緒にいられ、とても幸せでした。でも他に何もすることがなく段々体が鈍ってきます。かといって差し迫った仕事もない状況です。その時、そうだゴルフがあると気付きました。そして、もっとゴルフが上手になるにはキャディーを体験しようと考え、山陽ゴルフ倶楽部の面接を受けたのです。

「キャディーの経験はありますか?」と面接で聞かれ、「いえ、ありませんがゴルフ歴は30年以上です」と答えます。帰りに制服や靴を支給され、翌日からの勤務となりました。はっきり言ってこれが楽しくてたまりませんでした。

神社でしか見たことのない熊手で落ち葉を拾い集め、器具を使ってポンポンと練習場のボール拾い、山で鳴く鶯の歌声も上手か下手か聞き分けられるようにもなりました。キャディー初心者の私は先輩について学ぶのですが、遠いパットのラインを踏んでしまうとか、お客様のボールを拭くことさえ知りませんでした。何故なら、私はゴルフをする時には、汚れたボールは途中で自分でブラシ洗いし、いつもキャディーさんと冗談ばかりで笑いながらの楽しいプレーをしていたからです。

2日間先輩に付いていただき、3日目から一人でお客様に付くことになりました。いくら何でも無理ではと思っていると、今日は月例なので皆さんコースを熟知しているから大丈夫とのことでした。

朝の苦手な私も娘と二人分作ったお弁当持参で、毎日ゴルフ場へ通うことになります。キャディーさんの仕事にも直ぐに慣れて、お客様からいただいた飲物をカートの清掃準備をしてくださるおじさんたちに差し入れます。アシスタントプロの方たちとも仲良くなり一緒に練習もします。いつも楽しんで仕事をしている私は、誰とでもフレンドリーに直ぐに溶け込めるのです。グリーンの芝目も読めるようになるとお客様からの人気もあがり、派遣会社の社長さんからスカウトされるまでになりました。

ところが名古屋の叔母たちが「何であなたがキャディーさん？」と血相を変えたのです。そして名古屋の2店舗を閉めて岡山に引っ越すと言い出したのです。

名古屋の2店舗とは伏見の和食店と麻雀店です。麻雀店は、私が知人と初めて麻雀店を訪れた時に支払いが余りに高額だったのでこれは儲かると直感して出したお店です。御園座の歌舞伎役者さんたちのための仕様にしてあり、かなり繁盛していました。市川左團次師匠とは、それ以降10年以上も麻雀仲間として交流が続きました。2つのお店ともしっかりと儲かっていたのに、それを全部畳んで岡山で同居したいとなったのです。

■岡山でも商売を始める

当時、私はプライベートに誘われたゴルフペアーマッチ戦の相手で、理にかなったプレーとミスのない今まで見たことのないタイプの方に、とにかくゴルフの師匠になって欲しいと懇願し、その奥様とも時々ご一緒にプレーさせていただいていました。

その方に、叔母たちの急な岡山入りを相談すると、「市内の3階建てのビルを貸しましょうか？」となります。1階駐車場、2階喫茶店・奥を仕切り麻雀店、3階住居、土地面積70坪もある岡山大学病院近くの大通りに面したビルを家賃40万円でお借りして、喫茶店経営を始めたのです。ところが岡山はモーニング喫茶の習慣もなく、何より人口が少なくて大誤算でした。見切りの早い私は、喫茶店を閉めて、お借りしていたビルから閑静な住宅街の一軒

▲岡山での記念コンサートは、娘・絢音のフルートとの共演、久々の「琴姫七変化」、琴・三味線・鼓・合唱・茶道点前・地唄舞・ジャズ琴と盛りたくさんとなりました。

家に越しました。

すると繁華街にあるモダンな炭焼き店が、経営不振で困っているとのお話をいただき、しばらく預かることになります。叔母夫妻と切り盛りしていると、山陽放送のランチ特集で紹介され、私が琴の演奏家ということも知れ渡り、お店は大繁盛となりました。娘の卒業を控えて、岡山を離れる頃にはその炭焼き店の買い手も決まり一段落します。商売を当てるのが上手いので、直ぐに次の借り手が決まるのも私の専売特許かもしれません。

■岡山でのさよならコンサート

娘の卒業とともに、6年間生活した岡山ともお別れです。「さよならコンサート」をと考え、裾引きの着付け師を捜していた時です。ある日、市内の繁華街の交差点で美しい着物姿で立っている女性に出会います。この方なら、きっと踊りの師匠で着付け師もご存じなのではと思い、声を掛けると「清子先生！」と言うのです。「私を知っている方？」とびっくりです。詳しく聞くと私の演奏を何度も聞いていた琴経験者の方でした。

その後、この方は桑名の庭園のように美しい涼仙ゴルフ場・水谷会長の企画された「ザ・歌舞伎コンペ、市川左團次・長田清子スペシャルトークショー」で私が舞う地唄舞の三味線伴奏や、東京や地方での舞台にも必ず駆けつけ、楽屋を手伝ってくださる気配りの行き届いた良きお弟子さんになっていたのです。

そして迎えた岡山での記念コンサートは、絢音のフルートとの共演も叶い、また久々の「琴姫七変化」、琴・三味線・鼓・合唱・茶道点前・地唄舞・ジャズ琴と盛りたくさんとなりました。

東京からは40年近くお世話になっているヘアーメイクの西野先生（吉永小百合さん専属）、NHKBSの音楽番組の演出家で琴門弟の眞城愛子さんに演出と舞台監督を、鼓・望月流の宮内千博先輩にもお越しいただき賛助出演をお願いしました。

名古屋からはカーレース実況解説者の若松泰恵さんが司会に、ジャズ琴演奏の門弟川口真実さんも参加。岡山のジャズKATHメンバー、ヴァイオリン奏者、合唱団・華の皆様、山陽放送の田中愛アナウンサーは花束を持って飛び入りでジャズの歌声を披露してくださいました。

また、私たち母娘の肖像画を書いてくださった画家の鈴鹿先生、出演したFMラジオのリスナーさんはハガキ応募でご来場くださいました。皆さま本当に有難うございました。書ききれませんが、6年間の岡山で出会った皆様に心より感謝申し上げます。

エピソード23 ダイヤモンドヘッド登山〜富士山登頂へ

■娘との東京での暮らし

岡山での生活から一転、娘の心は憧れの東京へ。

「お母さん、絶対スポーツジムとプールのあるタワーマンションで住みたい！」と言います。

最初は反対しましたが、山の中で6年間も過ごして勉強も頑張ったのだからと、勝どきの有名ツインタワーマンションでの暮らしを始めます。でも1年間で娘がジムに行ったのは2回だけ。プールはたった1回のみです。

それどころか慶應大学の日吉校まで乗り換えや通学時間が掛かるので、目黒区か田園調布に越したいと言い出します。私もタワマンの駐車場が不便だったので、中目黒の庭と駐車場のある新築住宅を購入します。これで落ち着くかと思いきや、今度は「一人暮らしがしたい、お母さんも好きなことをしていいよ」とのこと。随分調子の良い要望ですが、私が二十歳の頃は親の言うことも聞かず一人で好きなように生きて来たこと思い返すと、親離れ子離れも必要かと考えました。

私も地唄舞を本格的に勉強しようと思い立ちます。ピーター（池畑慎之助）さんの実父、四世吉村流家元で人間国宝・（故）吉村雄輝氏は、（故）山村楽正師匠ともご縁が深く、名跡を残された舞踊家です。その吉村流六世家元・吉村輝章師匠のカルチャーセンターが銀座にあり、1月からお稽古に通い始めました。

2月のお稽古日にお家元が来られ、まだ新入りで、1番後ろで舞っていた私をご覧になり、5月の国立大劇場での舞台に出て欲しいということになり、「芦苅」を本衣装で舞わせていただきました。

それからは、お家元稽古になり、山村流でも研鑽を積んできましたので、直ぐに吉村楽章のお名をいただき、翌年5月国立大劇場「葵上」で襲名披露を致しました。歌舞伎の四

▼六世吉村流家元・吉村輝章氏と（名取式）

代目市川左團次師匠からお祝いに美しい楽屋暖簾も作っていただきました。翌年には、師範になり自宅には鏡張りの稽古場も作り本格的に精進しようと思いました。

■娘との記念旅行

娘とは何か記念があるごとに海外旅行に出掛けました。中学卒業旅行は嵐の松本潤さん主演ドラマ「花より団子」のラストシーンのラスベガス・ベラージオホテルに行きたいとなり、私はストリップ通りのウイン・パラッツォ・ヴェネチアン・シーザースパレス・ベラージオなどのホテルを予約しました。「どうして？」と聞く娘に、「ラスベガスのホテルはアトラクションのようなものだから、全て泊まってそれぞれの良さを知って、次回は最高に気に入った所にすればいいから」と教えます。

特にランチタイムのバフェはどのホテルも特色があり最高でした。一番高額はシーザースパレスのバフェです。でもあそこは外観が素晴らしいわりに客室が良くありませんでした。

安くておいしかったのはお庭のフラミンゴやカモが見え、料理人が陽気なフラミンゴホテルです。私のお気に入りで、絢音が1歳の時に訪れたヴェネツィアンでは当時と同じ場所で記念撮影をしました。

やはり最高はベラージオホテルです。ピカソの絵画に囲まれたコース料理のみのレストラン「ピカソ」は予約が取れず、水柱が最長140mに達する壮大な噴水ショーを間近で見られるプライムステーキハウスを予約しました。でも、この日はあいにく強風でショーが中止となりましたがお料理は最高でした。

お買い物は子供の頃からのグアム通いでお気に入りのロス（アメリカのしまむら?・）。可愛い子供服1年分買っても1万円くらいです。この時$20で買った派手なベガス柄巨大トランクは、今も私のお気に入りの海外旅行必需品です。

高校の卒業記念旅行は、私が西本智実さん指揮でヴァチカン国際音楽祭出演のためにイルミナート合唱団に参加したイタリア旅行と娘の友人も合流したハワイ旅行でした。娘との旅行はいつもビジネスクラスで最高のホテルと決めています。そのために普段は質素堅実、それに今まで死ぬほど働いて来たのですもの。

ハレクラニのお部屋からダイヤモンドヘッドを眺めていると娘が「あそこに登ろう」「えっ登れるの?」と私。実は山登りなど一度も経験がありませんでしたからビーチサンダルで出掛けてしまいました。でも何とか娘より早く登頂した私は、若者たちが集うレストランでのお料理も結構堅実で美味しいなと再確認します。

■感動の富士山登頂

それから数か月後、以前ロスアンゼルスで琴を演奏した時に、とても親切にしていただいた中国気功の王先生さんから、「中国からの友人たちと富士山へ登りますがご一緒しませんか?」と誘われます。日本人として一度は富士山に登りたいと長い間憧れていましたし、ダイヤモンドヘッドにも簡単に登れたからと、早速渋谷のスポーツ店で最高級の靴や登山の必需品を購入し、還暦を過ぎた8月に富士山登頂を目指すことになります。

厳重な装備をして行きましたが、夜中は12度まで気温が下がり、8合目近くでは強風も吹き荒れました。山小屋で宿泊して、ご来光後、朝食を済ませました。そして、日本晴れの中、さらに山頂を目指します。

しかし、ここからが大変でした。もう登山ではなく岩登り、ロッククライミング状態です。でも夜とは違い高原植物が可憐です。少し登っては適度に休み、行き交う皆さんと挨拶を交わします。結局、昨夜5合目を出てから宿泊休憩を除き、徒歩約10時間でついに山頂に到着しました。「日本を極めた達成感、やっぱりありました!」大感動です。

でもこの登山を機に止めたこともあります。アメリカ暮らしの頃からペディキュアを30年以上欠かしたことがありませんでしたが、足の爪がとても大切なことに気付きました。演奏家ですからもちろんマニュキュアのお洒落はできませんし、見えない所のかかとや足爪をいつも美しくすることを永年心掛けてきました。でも、この日限りでペディキュアは完全に止めました。そして、この登山が命取りにならなくて良かったと、直ぐに知ることになるのです。

▲富士山登頂・日本を極めたという達成感！

エピソード24 IgG4の発症で乗り鉄、WBCも観戦

■顎下腺腫瘍摘出手術、IgG4の発症

2017年頃から喉にしこりができ始め、夏には両方のリンパ腺あたりが手で触ると硬いしこりになっていました。友人の「きくのクリニック」院長に相談して、聖路加国際病院耳

鼻咽喉科で診断を受け、8月29日に入院。顎下腺腫瘍摘出手術は全身麻酔で4時間半に及ぶオペでした。計3個のピンポン玉ほどの腫瘍でしたが、検査の結果悪性の癌ではないことが判りひと安心です。

中学時代の虫垂切除手術、1998年の帝王切開手術、以来生まれて3度目の入院です。術後はとても順調でしたから、何事もなくその後も多忙な生活を続けていました。

しかし、2018年の夏頃から瞼が腫れて、2019年1月、銕仙会能楽堂での「舞の会」では目が開けられないほどとなり、鼻水は水道の如く止まりません。仕方なく鼻に綿を詰め肌色のマスクをして地唄「江戸土産」を舞いました。そして、舞台が終わると直ぐに自宅に戻り、熱を計ると40度近いのです。さすがに、数日間寝込みました。それでも舞台では精いっぱい舞い、やはり馬鹿のつく根っからの舞台人なのだと思います。

体調が落ち着いた2月に入院し、副鼻腔炎手術を受けます。2日後に瞼の手術も予定していましたが、耳鼻咽喉科の主治医ではなく膠原病内科の医師が病室に訪れ、「今日から僕が担当することになりました」と挨拶にいらしたのです。

瞼の手術を取り止め、これからは投薬治療を行うということです。実は手術前に、形成外科部長や皮膚科部長の診察も受けていました。そして以前手術した時のホルマリン漬けのリンパ腫瘍と今回の鼻腔検査結果から「IgG4」であることが判明したのです。

IgG4とは膠原病の一種で慢性リンパ増殖性疾患で、首から上を攻撃するミクリッツ病という自己免疫疾患だったのです。「えっ！ では2年前のしこりの手術時にはもう発症していたのですか？　そうとも知らずに富士山に登ったなんて！」と言って驚く私に、「それは自殺行為でしたね」と医師に言われます。「運動もせず、重い物も持たず、とにかくしばらく安静にしてください」とプレドニン30㎜の投与が始まりました。

青天の霹靂です。「私が病気になるなんて！　それも難病で一生治らない！」と驚愕しました。退院の日までは、空を見ても花を見ても、ただ虚しさが込み上げてくるばかりです。本当にもう舞台に立てないのかなと、暗く重い気持ちが続きました。

その頃、堀ちえみさんの癌との壮絶な戦いや、オリンピック金メダル候補の池江璃花子選手の白血病との戦いが連日報道されていました。そのお二人、いやそれ以上の病の皆様から比べれば、私の病気など蚊に刺された程度のものと考え、開き直るしかありません。私はどこまで行っても楽天的な人間なのです。

でも生活は一変しました。折角お家元から仰せつかった大阪での舞台や、国立劇場での出演を断念しました。療養のため熱海の温泉付きマンションに引っ越し、青い空と海、小鳥の囀に包まれる穏やかな日々が始まりました。生まれて初めて、ゆったりした時間が流れだしました。

■乗り鉄人生がスタート

療養中でも私がじっとしていられる訳がありません。

以前岡山で保護者会に行くため車を運転していた時、凄くカッコイイ紫色の新幹線が疾走するのを見て目が点になりました。近くにいた撮り鉄さんに「あれは何ですか？」と尋ねると、「エヴァンゲリオンだ」とのこと。そして早速、エヴァンゲリオンに乗車したのでした。

とにかく美しくてカッコイイものが大好きな私は、久しぶりに列車の旅をしようと思い立ったのです。特に列車の中で豪華な食事を楽しむことが大好きなのです。オリエント急行・四季島・ななつ星・瑞風・ザロイヤルエクスプレス・カシオペアなど、ヨーロッパや国内での乗り鉄人生をスタートさせました。

２０２０年７月に全国40社の第３セクター鉄道会社が始めた「鉄印帳」は、４か月で制覇し、マイスターカード№１２０です。すでに日本全国１００以上の観光列車で素敵な出会いや感動を楽しんでいます。

そして鉄道ブログで旅の模様を写真付きで順次お伝えしています。ユーチューブも始めましたので、そちらもご覧いただけると嬉しく思います。きっとまだまだハラハラドキドキが続くと思います。

今は毎月一度、聖路加国際病院で定期診察を受け、作詞家・湯川れい子先生の東京女声合唱団ＴＬＣでゴスペルや合唱を楽しんでいます。

娘の絢音は、慶応義塾大学法学部卒業後、大手一流企業に就職してテニスコートや食堂完備の女子寮生活を満喫しておりました。しかし、司法試験に挑戦するため、1年半で退職して、慶應義塾大学院ロースクールに合格し、新しいスタートを切りました。

そして私の誕生日や母の日に届くメッセージカードで、溢れんばかりの感謝の気持ちを伝えてくれます。その優しさにはいつも涙が出ます。社会人を経験したためか、お部屋の模様替えやお掃除、お料理も、今では私より完璧です。私の希望は、早く子供を産んで私をベビーシッターにして欲しいだけなのですが…（笑）。

■2023年・ワールドベースクラシック観戦のため渡米

2023年3月16日のイタリアとの準々決勝で日本が勝った瞬間、侍ジャパンを現地で応援なければと渡米を決意しました。観戦チケット、航空券、ホテル予約とパソコンに釘付けで、希望通り2日間で全てを確保することができました。

18日は銀座博品館劇場での川中美幸さんのお芝居を友人5人で観賞。19日の朝には、浅草

▲IgG4の発症をきっかけに乗り鉄人生がスタート。（写真上・オリエント急行／写真中「四季島」の展望車両／写真下・「ななつ星」車内で絢音と民芸品制作）

▲WBCを観戦。「日の丸扇子」を振るその姿は、衛星放送で全世界に放映されました。

寺で優勝祈願をして、仲見世で「日の丸扇」を買って空港へ向かうという慌ただしさです。マイアミのホテルに着いたのは深夜。20日の準決勝のメキシコ戦のあるローデンポ・パークへは午後4時に到着しました。

メキシコ戦の先発は佐々木郎希投手。準決勝の着物は、流れるような速球をイメージした白地に紫の流線のグラデーション（以前、紅白歌合戦の際に着たもの）とラッキーセブンで脱ぐつもりだった紫の長羽織です。試合は7回、吉田正尚選手の同点ホームランまでは完全に負け試合でしたが、9回の裏に劇的なサヨナラ勝ちとなりました。呆気にとられるメキシカンを尻目に会場は歓喜の渦に…、喜びと感激に涙が溢れて止まりませんでした。

21日の決勝戦。私は一本の桜の樹になろうと、薄ピンクの大島紬、日本画家・加山又造氏の「桜」の帯を締めました。描かれた金色の月は、金メダルを獲るという思いを込めたものです。そして、「日の丸扇子」を振るその姿は、衛星放送で全世界に放映されました。

試合は、日本が見事に勝利。8回のダルビッシュ投手、9回の大谷翔平投手の投球を目の当たりにできたことは価値ある瞬間でした。この日も感激で涙が止まりません。

日本贔屓の外国の皆さんとの写真撮影もお受けしました。日本人として誇りを持って挑んだ侍ジャパンの皆さん、サポーターとして誇りを持った私もいたのよ（笑）。

これからも海外では必ず着物姿で、私なりに日本伝統文化の美しさを伝えていければと願っております。

（了）

あとがき

駆け足で自分の人生を振り返ってまいりました。

辛い幼少期、懐かしい思い出の少女期、ヤンチャな高校生時代。琴に出会って人生観が変わった瞬間。睡眠時間を削って寿司店経営を成功させ、芸能活動も果たした20代。渡米して大きく成長し、さまざまな方々と出会い、人生での大切な思い出を作った30代。ホテル経営をしながら、最愛の娘を大切に育てた40～50代…。どの時代も、懸命に、力強く、そして自由奔放に生き抜いてきた自分がいました。

こうして書きあげてみると、正直、おこがましい気も致します。でも私の人生は、本当に多くの皆様に支えていただき、その方々との出会いが大きな財産であると改めて感じます。

最後に、今まで出会えた皆様に心より感謝申し上げます。

「あ～幸せだった！」と人生の幕を閉じるまで、更にいろいろなことに挑戦し、素敵にカッコ良く生きていこうと思います。

２０２３年12月吉日
長田　清子

平成出版 について

本書を発行した平成出版は、基本的な出版ポリシーとして、自分の主張を知ってもらいたい人々、世の中の新しい動きに注目する人々、起業家や新ジャンルに挑戦する経営者、専門家、クリエイターの皆さまの味方でありたいと願っています。

代表・須田早は、あらゆる出版に関する職務（編集、営業、広告、総務、財務、印刷管理、経営、ライター、フリー編集者、カメラマン、プロデューサーなど）を経験してきました。そして、従来の出版の殻を打ち破ることが、未来の日本の繁栄につながると信じています。

志のある人を、広く世の中に知らしめるように、商業出版として新しい出版方式を実践しつつ「読者が求める本」を提供していきます。出版について、知りたいことやわからないことがありましたら、お気軽にメールをお寄せください。


book@syuppan.jp 平成出版 編集部一同

ISBN978-4-434-33302-6 C0036

琴姫の波乱万丈物語《ストーリー》

令和5年（2023）12月13日 第1刷発行

著　者　長田 清子（おさだ・きよこ）

発行人　須 田 早

発　行　**平成出版** G 株式会社
〒104-0061 東京都中央区銀座7丁目13番5号
ＮＲＥＧ銀座ビル1階
経営サポート部／東京都港区赤坂8丁目
TEL 03-3408-8300　FAX 03-3746-1588
平成出版ホームページ https://syuppan.jp
メール : book@syuppan.jp

発　売　株式会社 星雲社（共同出版社・流通責任出版社）
〒112-0005 東京都文京区水道1-3-30
TEL 03-3868-3275 FAX 03-3868-6588

編集協力：安田京祐、大井恵次
写真提供協力：長田清子
本文イラスト：イラスト AC
制作協力・本文 DTP：P デザイン・オフィス
Print：DOz